なぜコリアンは大久保に
集まってくるのか

在日コリアンの経済学

李光宰 著

柘植書房新社

表紙は、李仲燮（イ・ジュンソプ、이중섭）の「帰ら
ざる川」（돌아오지 않는 강）を筆者が模写したもの。

なぜコリアンは大久保に集まってくるのか
在日コリアンの経済学◆目次

序章 —— 7

第1章 なぜ朝鮮人は日本に渡ってきたのか？

    はじめに —— 11
    1　都市と地方の間における労働配分 —— 13
    2　朝鮮農業の破綻 —— 18
    3　失業者問題 —— 21
    4　朝鮮人の来日 —— 25
    おわりに —— 29

第2章 どうしてコリアンが日本で女工として働くようになったのか？

    はじめに —— 31
    1　岸和田紡績株式会社および朝鮮人女工 —— 34
    2　朝鮮人女工雇用の動機 —— 37
    おわりに —— 45

第3章 なぜ在日コリアンが全国に存在するのか？

    はじめに —— 47
    1　戦前における在日コリアンの移動 —— 48
    2　戦後における在日コリアンの移動 —— 54
    おわりに —— 59

第4章 「在日企業」の日本経済への貢献：㈱草家を事例に

    はじめに —— 61
    1　㈱草家について —— 63
    2　㈱草家の経営状況 —— 68
    おわりに —— 70

第5章 「在日企業」は「悪」ではない：安楽亭を事例に

    はじめに —— 73
    1　概要 —— 75
    2　キャピタル・サイド（capital side） —— 78
    3　ヒューマン・リソース・サイド（human resources side）79
    4　合理化 —— 81
    5　クライシス：BSE 事件 —— 88
    おわりに —— 89

第6章　在日コリアンの家計簿

はじめに ―――― 93
1　K氏のライフ・ヒストリー ―――― 96
2　「在日」家計簿の内訳 ―――― 99
3　なぜ在日の就職は厳しかったのか？ ―――― 101
4　なぜK氏の年金額は少額なのか ―――― 105
5　なぜ彼女は帰化しなかったのか、そして、
　　どうして彼女はまだ借家暮らしなのか ―――― 108
おわりに ―――― 112

第7章　なぜコリアンは大久保に集まってくるのか？

はじめに ―――― 115
1　新大久保コリアンタウンの歴史 ―――― 118
2　A食堂とB食堂との比較分析 ―――― 122
おわりに ―――― 127

第8章　在日企業家像：パチンコを変えた男　韓裕

はじめに ―――― 129
1　先駆者：韓昌祐 ―――― 132
2　第二の飛躍：韓裕の登場 ―――― 136
3　上洛：「渋谷戦略」 ―――― 140
4　逆転そして反撃 ―――― 143
5　組織改編 ―――― 147
おわりに ―――― 151

終章 ―――― 155

参考文献 ―――― 163

あとがき ―――― 170

序 章

　本書は、経済学の「道具」を用いて、在日コリアン（＝在日韓国人＝在日朝鮮人）に関するさまざまな「実態」および「質問」への検討を試みたものである。

　「在日朝鮮人の形成とその活動」に関する研究は、日本人の行ってきた植民地支配、民族差別への反省を促し、自らの尊厳の回復を企画するものとして進められてきた。従って、そこでは、日本帝国主義が朝鮮人に加えた直接的な暴力や迫害とそれに抗しながら続いた先鋭的な民族運動の発掘が先行した[1]。だが、その後は、

---

(1) 朴慶植『朝鮮人強制連行の記録』未来社、1965年、同『日本帝国主義の朝鮮支配』（上・下）、青木書店、1973年、同『朝鮮三・一独立運動』平凡社、1976年、同『在日朝鮮人運動史──8・15解放前』三一書房、1979年、同『在日朝鮮人・強制連行・民族問題──古稀を記念して』三一書房、1992年、エドワード・W.ワグナー『日本における朝鮮少数民族』竜渓書舎、1975年、山田昭次『金子文子 自己・天皇制国家・朝鮮人』影書房、1996年、同『植民地支配・戦争・戦後の責任　朝鮮・中国への視点の模索』創史社、2005年、同『全国戦没者追悼式批判 軍事大国化への布石と遺族の苦悩』影書房、2014年、樋口雄一『戦時下朝鮮の農民生活誌──1939─1945』社会評論社、1998年、同『戦時下朝鮮の民衆と徴兵』総和社、2001年、同『日本の植民地支配と朝鮮農民』同成社、2010年、同『金天海──在日朝鮮人社会運動家の生涯』社会評論社、2014年、北原道子『北方部隊の朝鮮人兵士：日本軍に動員された植民地の若者たち』現代企画室、2014年。

①移動の実態[2]、背景と統制、②社会運動と統合政策、③関東大震災時の朝鮮人虐殺事件など、かつての在日コリアンに関する運動史や政策史研究が進む一方で、それら以外の分野の研究も増え、たとえば、④生活と文化に関する社会史的研究も増加してきている[3]。

ところが、そうした中で、「日本における在日韓国・朝鮮人の経済活動」に関する研究は未だに活発ではない[4]。もちろん、①「エスニック集団に見られる特徴とそれに関連する企業家に光を当て…【中略】…エスニック集団内に閉じられた経済活動を重視するより、企業活動に関わる資源調達における「日本社会との関連」に注目することで、「エスニック、企業家、社会」の課題について考えた」伊丹敬之［2006 年］[5]、②「在日韓国人企業家たちが韓国の社会経済発展にどのような貢献をしたかについて調査・研究し、その実態を明らかにすること」を目的とした永野慎一郎［2010 年］[6]、③「在日韓国朝鮮人社会のなかに存在するコミュニティーの実態解明手段のひとつとして、パチンコ産業に着目し」、「在日社会とパチンコ産業との関連を論じることを主題とする」韓載香［2010 年］[7]、④パチンコ業界のイメージ向上と「業界健全化」の実現に向けた全体的活動の中でも、特に 1980 年代以降にパチンコホール企業の実態を明らかにし、その具体的内容、

---

(2) 植民地期においてどれくらいの朝鮮人が、なぜ、どのように日本に移動してきたか。

(3) 山田昭次『関東大震災時の朝鮮人虐殺　その国家責任と民衆責任』創史社、2003 年、同『関東大震災時の朝鮮人虐殺とその後　虐殺の国家責任と民衆責任』創史社、2011 年、樋口雄一『日本の朝鮮・韓国人』同成社、2002 年。

(4) 韓載香『「在日企業」の産業経済史』名古屋大学出版会、2010 年、17 頁。

(5) 伊丹敬之ほか『日本の企業システム第二期』第 1 巻、有斐閣、2006 年。

(6) 永野慎一郎編『韓国の経済発展と在日韓国企業人の役割』岩波書店、2010 年。

(7) 前掲『「在日企業」の産業経済史』を参照されたい。

史的展開、実施背景、成果、課題を分析した鍛冶博之［2015年］[8]のような労作も見受けられるが、とはいえ、経営・経済的な側面からの在日コリアン関連研究はこれまで盛んに行われてこなかったといえる。換言するならば、「在日コリアンの産業経済史研究」においては、多様な研究方法を採るなどして、より研究領域を広げる必要があるのである。

そこで、本書では、在日コリアンの産業経済史研究に対する分析をより深めるという趣旨のもと、経済学の「道具」を用いて、さまざまな「質問」に「答える」といったスティーヴ・D・レヴィットの研究方法を採用し[9]、次のような在日コリアンのさまざまな「質問」に迫って行く。従って、本稿の構成は次のようになる[10]。

第1章　なぜ朝鮮人は日本に渡ってきたのか？
第2章　どうしてコリアンが日本で女工として働くようになったのか？
第3章　なぜ在日コリアンが全国に存在するのか？
第4章　「在日企業」の日本経済への貢献：韋家を事例に
第5章　「在日企業」は「悪」ではない：安楽亭を事例に
第6章　在日コリアンの家計簿
第7章　なぜコリアンは大久保に集まってくるのか？
第8章　在日企業家像：パチンコを変えた男　韓裕

---

(8) 鍛冶博之『パチンコホール企業改革の研究』文眞堂、2015年。
(9) 本書の研究方法として、スティーヴ・D・レヴィットほか著、望月衛訳『やばい経済学』東洋経済新報社、2006年を大いに参考とした。「経済学は答えを出すための道具は素晴らしくよく揃った学問だが、面白い質問が深刻に不足している」（傍点は引用者による）。
(10) 各章ごとの研究課題、構成、先行研究、今後の課題については、各章の冒頭に割愛する。

つまりは、在日コリアンに関する研究方法の多様性をさらに確保する趣旨のもと、スティーヴ・D・レヴィットの研究方法を用いて、「なぜ日本に在日コリアンがいるのか」（第1章）、「どうしてコリアンが日本で女工として働くようになったのか」（第2章）、「なぜ全国に在日コリアンがいるのか」（第3章）、「在特会の主張のように、『在日企業』は『悪』なのか」、言い換えれば、「『在日企業』は日本経済へ貢献している」（第4章、第5章、第8章）、「どうして在日コリアンは生活に窮しているのか」（第6章）、「なぜコリアンは大久保に集まってくるのか」（第7章）、という、これまでほとんど検討されなかった、在日コリアンを巡っての「疑問」を経営・経済的な側面から解き明かすことが本書の目的なのである。

第1章

なぜ朝鮮人は日本に渡ってきたのか？

はじめに

　本章の課題は、植民地期における朝鮮人の来日について観察することによって、朝鮮経済における「市場」の役割等を強調する「近代化論」への反論・批判を試みることである。

　これまで、経済学においては、「歴史と経済の理論」を結び付ける重要性が指摘されてきた [1]。にもかかわらず、両者（＝歴史と経済の理論）の統合は未だ進捗をみせてこなかった。

　従って、本章では、史実（＝歴史）を経済理論において位置付けることを試みる。その上で、本章で焦点を当てようとするのは、

---

[1] J・A・シュンペーター著、東畑精一ほか訳『経済分析の歴史』上・中・下、岩波書店、2005 年、トーマス・K・マクロウ著、八木紀一郎監訳『シュンペーター伝』一灯舎、2010 年、290 頁、J・E・スティグリッツ著、内藤純一ほか訳『新しい金融論：信用と情報の経済学』東京大学出版会、2003 年、286 頁、愛知大学東アジア研究会編『シュムペーターと東アジア経済のダイナミズム：理論と実証』創土社、2002 年、10 頁等を参照されたい。

植民地期に朝鮮人が大挙して日本へ渡ってきた「現象」、すなわち、「在日朝鮮人」の形成に関してである。後述するように、いまのところ同現象を、経済理論をもとに解釈しようとしたものは管見のところ皆無であり、研究余地は大きいと考えられる。

さて、本章における課題についてより詳しく述べよう。

近年になって、植民地朝鮮における経済発展、当時の朝鮮人の来日の動き等を「市場」の役割として捉えている「論」が登場している（傍点は筆者による、以下同じ）。「近代化論」がそれである。

同論によれば、「朝鮮における市場の拡大（＝機能）」[2] によって、朝鮮の経済発展に伴い、「朝鮮人1人当り消費は48％も増加」[3] する等、朝鮮人の生活が向上していった。その中で、「市場」の機能、具体的には、日朝（＝日本と植民地朝鮮）間の賃金差によって、1930年代までの朝鮮人の日本「内地」への大挙移動が発生した[4]。

これを踏まえた上で、本章は、とりわけ1930年代半ばまでにおける[5] 朝鮮人の来日の動きに焦点を当てつつ、「近代化論」の見解・主張を検証することとする。

つまり、本章では、「来日」という朝鮮人の動態に眼を向け、その史実と経済理論との結び付けを図りつつ、朝鮮人の来日現象を「市場」の機能によって解き明かそうとする「近代化論」に異見を示すと共に[6]、その時期における朝鮮人の生活向上に関する同論

---

(2) 金洛年「植民地期工業化の展開」李大根『新しい韓国経済発展史』（ハングル）、ななん出版、2005年、284 〜 285頁。

(3)『朝鮮日報』（ハングル）、2004年3月23日。

(4) 同上、金洛年編『植民地期朝鮮の国民経済計算 1910—1945』東京大学出版会、2008年、626頁、http://enjoyjap.egloos.com/viewer/1665028（2017年1月26日アクセス）.

(5) 姜在彦「在日韓国人の形成史」東国大学校日本学研究所『日本学』1984年、104頁。

(6) 藪下史郎『スティグリッツの経済学：「見えざる手」など存在しない』東洋経済新報社、2013年を参照されたい。

の見解に反論することとしたい。

次に、先行研究を紹介すると、本章と関連性を持つ「在日朝鮮人」に関する主な研究としては[7]、樋口雄一、姜萬吉、姜在彦等の「労作」[8] が挙げられる[9]。実は、これらの労作によって、当時の朝鮮人の来日の理由・原因について明らかになったところも多い。しかし、それら研究の中に、朝鮮人の来日の理由・原因を「歴史と経済の理論の統合」によって捉えようとした研究は見当らない。従って、本章では、朝鮮人の来日の動向、いわゆるムーヴメント（movement）を歴史と経済理論の結び付けの形で把握することを試みる。

次いで、本章の構成について触れると、次のとおりである。

1では、都市と地方の間における労働配分のモデルを紹介する。2においては、当時の朝鮮における最大の産業といえる農業の破綻に関して述べる。3では、当時の失業者問題を取り扱う。4では、朝鮮人の来日を巡る動きを観察する。「おわりに」では、本章で解明できた点を挙げる。

1　都市と地方の間における労働配分

ここでは、都市部と農村部間における労働配分に関して述べる。言い換えれば、本章の前提として、農村セクターから都市セクター

---

(7) 樋口雄一「在日朝鮮人社会の成立と展開」和田春樹ほか編『岩波講座　東アジア近現代通史第5巻　新秩序の模索』岩波書店、2011年、333頁。
(8) 本章の註を参照されたい。
(9) 「とりわけ戦前期の研究は極めて不十分であ」る（前掲「在日朝鮮人社会の成立と展開」、332頁）。

- 13 -

への労働力移動に関するモデルを構築するということである。

　市場原理によれば、低賃金地域にある労働力は、とりわけ近距離にある高賃金地域に「自然に」移動していく[10]。

　しかし、詳しくは後述するが、こうした市場の動きは植民地朝鮮では見られなかった。このような市場の価格メカニズムによる、低賃金地域から高賃金地域への労働力の移動という説明は、植民地朝鮮における実情とは合致しないのである。

　敷衍すると、当時は、表 1-1 のように、朝鮮の都市部の賃金（＝♘）は農村部のそれ（＝♟）を確かに上回っていた。殊に、「賃金差による自然な労働力移動」という、市場の役割を重要視している「近代化論」等の分析方法に依拠すれば、こうした両者（＝都市部と農村部）間の賃金差により、農村部における朝鮮人はまず、都市部へ移り住むようになるはずであった。にもかかわらず、結果的には、「この比率（移住―引用者）は『他の極東地域の人口比率ともつりあわないし、世界のどこにもこれに匹敵する地域はほとんどなかった』」[11] ほどの、朝鮮人の日本等の朝鮮外への移住が行われるようになる。つまり、該当期間中において、あまりにも多くの朝鮮人が、賃金の高い、しかも、同一言語・文化圏内に当る、朝鮮内の都市部には移動せずに、彼らからすれば、「未知の地」と呼べる日本等へ移っていったのである。これにより、市場の自動メカニズムによる労働部門における均衡実現（＝「低賃金地域の労働力は、とりわけ近距離にある高賃金地域に「自然に」移動していく」）といった、「近代化論」等の捉え方では、同時期

---

(10) これについては、大森義明『労働経済学』日本評論社、2008 年を参照されたい。
(11) ブルース・カミングス著、横田安司ほか訳『現代朝鮮の歴史』明石書店、2003 年、269 〜 280 頁。

表1-1 朝鮮・日本における賃金（単位：銭／日）

年	朝鮮				日本			
	農作夫朝鮮人（男）	農業労働者朝鮮人（男）	工業朝鮮人（男）	京城府における不熟練労働者朝鮮人	日雇男人夫	工場労働者	鉱業労働者	製造業平均賃金（男）
1910	39.40	70.81	79.20	92.38	53.00	–	–	48.00
1911	36.10	81.54	74.90	75.83	56.00	–	–	51.00
1912	30.90	68.02	77.00	78.65	58.00	–	–	53.00
1913	32.30	62.06	70.20	63.43	59.00	–	–	55.00
1914	35.00	78.54	68.50	71.20	56.00	–	–	54.00
1915	30.00	82.57	68.40	86.23	55.00	–	–	54.00
1916	30.60	74.03	69.80	72.08	57.00	–	–	57.00
1917	37.90	59.66	82.00	60.73	70.00	–	–	75.00
1918	56.30	54.77	105.10	71.26	96.00	–	–	100.00
1919	94.30	67.87	166.40	84.95	143.00	–	–	153.00
1920	126.80	76.81	226.60	100.51	201.00	–	–	173.00
1921	106.90	84.64	209.70	95.07	199.00	–	–	189.00
1922	105.10	81.91	200.20	88.54	218.00	–	–	191.00
1923	98.50	77.31	194.60	85.59	217.00	–	164.50	203.00
1924	94.00	69.33	200.40	69.55	216.00	–	165.70	210.00
1925	96.00	62.23	205.60	65.19	213.00	–	169.00	206.00
1926	93.60	73.55	205.80	67.45	205.00	170.40	170.00	212.00
1927	78.20	65.78	207.40	70.86	198.00	195.70	178.00	215.00
1928	80.00	69.29	207.90	72.55	198.00	203.20	179.80	219.00
1929	78.30	70.64	207.30	77.84	193.00	206.90	181.00	216.00
1930	77.20	75.52	185.30	79.20	193.00	200.20	170.60	205.00
1931	66.70	76.89	165.90	92.56	140.00	187.20	152.70	194.00
1932	63.50	65.83	156.70	88.12	130.00	190.90	145.50	193.00
1933	63.80	64.23	145.50	85.28	128.00	189.50	154.70	198.00
1934	68.50	67.98	147.80	82.15	131.00	189.30	165.30	199.00
1935	69.00	64.18	153.60	78.52	133.00	187.70	167.80	196.00
1936	–	–	175.00	80.40	133.00	190.10	174.50	193.00
1937	–	–	183.00	77.48	143.00	195.70	193.80	212.00
1938	–	–	193.80	–	197.00	205.90	223.90	236.00
1939	–	–	–	–	–	203.30	255.00	252.00
1940	–	–	–	–	–	227.80	292.20	278.00
1941	–	–	–	–	–	255.70	320.90	305.00
1942	–	–	–	–	–	281.70	–	329.00
1943	–	–	–	–	–	326.80	–	375.00
1944	–	–	–	–	–	371.80	–	–
1944	–	–	–	–	–	432.60	–	–

出典）溝口敏行ほか編『旧日本植民地経済統計』東洋経済新報社、1988年、261頁；大里勝馬編『本邦主要経済統計』日本銀行統計局、1966年、72-73頁；東洋経済新報社編『完結昭和国勢総覧 第三巻』東洋経済新報社、1991年、18頁；大川一司ほか『朝石経済統計8 物価』東洋経済新報社、1966年、246頁；許粋烈「日帝下における実質賃金変動推計」経済史学会『経済史学』（韓国語）、1981年、244-246頁。

第1章 なぜ朝鮮人は日本に渡ってきたのか？

における朝鮮人の海外移住を十分に説明することができない。

　同現象をより明確にするためには、その「市場原理」の「賃金」以外に、もう一つの変数（variable）を考慮せざるを得ない。いわば、「『見えざる手』など存在しない」[12] ことを示す「失業率」、換言するならば、「経済破綻」を表す「都市部における高失業」の変数を、その労働セクターにおいて考慮しなければならないのである。

　詳述すると、都市部と農村部の間における賃金格差が大きかっ

---

(12) 前掲『スティグリッツの経済学：「見えざる手」など存在しない』を大いに参考とした。

(13) こうした関係は次の如く表すことができる。

(1) $\dfrac{w_u}{w_r} = \phi\left(\dfrac{1}{1-U}\right)$、$\phi > 0$

期待賃金 w_u^e と期待失業率は次の如き関係が成り立つ。

$w_u^e = w_u(1-U)$

危険中立的（＝リスク回避的）な個人は、都市部の期待賃金が農村部における賃金と一致する場合に限って都市部へ移動する。

(2) $w_u^e = w_r$

従って、(1) は次のようになる。

(3) $\dfrac{w_u}{w_r} = \dfrac{1}{1-U}$

（※ (a) $\phi\left(\dfrac{1}{1-U}\right)(1-U) \geq 1$ 、(b) $\phi' \geq 0$ ）

U ＝失業率
w_u ＝都市部の賃金
w_r ＝農村部の賃金
w_u^e ＝都市部の期待賃金

※ (a) における仮定は、(3) によって、所与の失業率に伴う賃金格差を過小評価していないことを示す。(b) における制限は、賃金格差の変化が同一であることを指し示す。言い換えるならば、移民を促進する（labor turnover）適切賃金は、労働における限界生産性と等しい（かわらない）。

た場合、労働力は農村部から都市部へ移動していく。だが、仮に都市部の失業率があまりにも高かった場合は、そうした都市部への農村部からの労働力移動は発生しない。高水準の失業率は、「農村部→都市部」という労働者の流入を防ぐのである。ゆえに、賃金格差と失業における平均レートとの間に関連性が成立することになる。賃金格差が大きければ大きいほど、失業率の平均レートはより上ることとなるのである[13]。

　市場の価格メカニズムによる労働市場の調整といった二重構造経済モデルにおいては、農村部から賃金の高い都市部へ労働力が流入する「労働移動」が起きる。しかし、都市部においては賃金が高いとしても、高レベルの失業率が存在する場合には、都市部へ移動したとしても職が見つからないというリスクが伴うため、市場賃金は調整されず、農村部労働力の都市部への移動は起こらなくなる（＝「効率賃金仮説」）。そして、いわゆる「不完全情報」の下、他地域に移動していく可能性が高くなる[14]。

　以上を整理すると、「『見えざる手』など存在しない」ことを指し示す変数である「失業」を考慮することなく、海外移住といった現象を完全に解明することはできなくなるのである。すなわち、「市場原理」（＝市場の価格メカニズム）だけでは、植民地期における朝鮮人の海外移住といった現象を完全に解き明かすことはできないのである。

　では、以下で、このようなことが、植民地期における朝鮮人の「内地」への大挙移住といった史実（＝歴史）とほぼ符合することを確認してみよう。

---

(14) 前掲『スティグリッツの経済学：「見えざる手」など存在しない』、111 ～ 112 頁。

2　朝鮮農業の破綻

　まず、ここで「韓国の流民現象、さらにはその一部分としての日本への渡航現象をうみだした根源」[15] について見てみよう。

　結論を先に述べると、その「根源」は「かなり広範囲にわたる韓国の農村経済の深刻な破綻、そこから排出された過剰人口であった」[16]。一言でいうと、当時における「海外移民を促す要因」は、朝鮮経済を支えつつあった [17]「農村経済の "破綻"」[18] に他ならなかった。

　日韓併合直後から、総督府は土地調査事業を実施していく。同事業により、朝鮮の農民は大きな打撃を蒙ることとなる。「総督府では土地調査事業のさいに台帳を作って、土地の所有権や境界線をハッキリさせようとしたが、このとき所有権を保持するためには自分の土地を測量して申告しなければならなかった。所有者の

---

(15) 前掲「在日韓国人の形成史」、105 〜 106 頁。
(16) 同上、105 〜 106 頁。
(17)「まず人口の多くは都市以外に暮らしていた。そもそも日本の市にあたる府自体が 13 しかなく、そこに住む人口が朝鮮全体の人口に占める比率＝都市人口比率は 1935 年時点で 7％ 程度にすぎない。朝鮮人に限ってみれば、この数字＝都市人口比率は若干ではあるがさらに小さくなる。また、1930 年代には中国大陸における日本の勢力　圏拡大を背景として朝鮮での化学工業は発展したものの、職業別人口では相当に農業の比率が高かった。農業戸数が有業戸数全体に占める割合は 1940 年時点では約 69％ となっていたのである。なお同じ時期の日本内地についての統計は都市人口比率（日本内地人口中の市在住者の比率）が約 38％、有業人口中の農業人口比率は 41.5％ であった」（外村大『朝鮮人強制連行』岩波書店、2012 年、21 〜 22 頁）。
(18) 鄭チンソクほか「日帝時代における韓国と日本の実質賃金格差および人口移動に関する試論」『西江経済論集』（ハングル）、2002 年、135 頁。

ハッキリしない土地はすべて総督府の所有にしてしまったのだ」[19]。そのような過程において、「土地の調査や、売買、登録の手続きをしろといわれて、書類に印鑑を押すたびに（朝鮮人の—引用者）土地が減って行」[20]った。

これと相まって、植民地期になってから、「地主による土地所有の集中」[21]が急速に進んでいった。**表1-2**から明らかなように、「農民の階層別構成では自作農の減少と自小作農、小作農の増加傾向が続き、1940年では自作農約18%、自小作農約23%、小作農約53%、火田民と農業労働者が合わせて約6%と、自己の土地のみで農業経営を維持していた者は2割に満たない水準とな」った[22]のである。そうした中、「地主による効率的な小作料収奪→農民の窮乏化」[23]が発生した。

その結果として、農民の「食糧難の深化が伺える」[24]ように

表1-2　小作関係指標（単位：%）

年	小作地率	自小作農率	小作農率
1918	50.4	39.4	37.8
1920	50.8	37.4	39.8
1925	50.6	33.2	43.2
1930	55.1	31.0	46.5
1935	57.3	24.1	51.9
1940	58.2	23.3	53.1

出典）ソスンヨル「植民地朝鮮における地主・小作関係の構造と展開」『農業史研究』第4巻第2号（韓国語）、韓国農業史学会、2005年12月、75頁；朝鮮総督府『朝鮮総督府統計年報』各年版；姜萬吉『日帝時代の貧民生活史研究』（韓国語）、創作と批評社、1987年、100頁。

(19) 張錠寿『在日60年・自立と対抗』社会評論社、1989年、32頁。
(20) 姜金順「植民地の『恨』を『アリラン』に託し、語り継ぐ」小熊英二ほか『在日1世の記憶』集英社、2008年、13〜14頁。
(21) 前掲『現代朝鮮の歴史』、280頁、金柄夏「日帝下の農業経営および小作制度」啓明大学校韓国学研究院『韓国学論集』19号（ハングル）、1992年12月。
(22) 前掲『朝鮮人強制連行』、29〜30頁。「全体人口の80%が農民で、農民の60〜80%が小作農であった」（ソスンヨル「植民地朝鮮における地主・小作関係の構造と展開」『農業史研究』第4巻第2号（ハングル）、韓国農業史学会、2005年12月、65頁）。
(23) 前掲「植民地朝鮮における地主・小作関係の構造と展開」、65頁。
(24) 前掲『日本の朝鮮・韓国人』、26頁。

表1-3 一人当たり年間穀物消費量
（精穀基準、単位：升）

年	米	大麦
1911	58.2	28.3
1912	59.7	29.0
1913	58.4	30.3
1914	62.4	27.3
1915	60.9	27.8
1916	54.1	26.7
1917	61.0	26.6
1918	60.7	28.7
1919	57.9	27.4
1920	51.4	27.1
1921	58.7	27.7
1922	55.0	25.2
1923	58.4	21.9
1924	53.7	24.7
1925	50.0	27.2
1926	55.2	25.3
1927	57.2	24.2
1928	54.3	22.4
1929	42.3	23.6
1930	56.8	24.6
1931	65.2	24.9
1932	45.8	25.4
1933	54.4	24.1
1934	54.3	24.3
1935	48.0	27.8
1936	51.1	23.6
1937	54.7	28.5
1938	70.9	22.9
1939	50.9	21.6
1940	49.7	21.7

出典）金洛年編『植民地期朝鮮の国民経済計算1910―1945』東京大学出版会、2008年、570頁。

なったが、具体的には、「『農家戸数290万戸の内、其の約8割230万余戸』の農家の『大部分は年々満々端境期においては食糧不足を告げ、食を山野に求めて草根木皮を漁り辛うじて一家の糊口を凌ぎつつある』（1941年時点―引用者）という生活」(25)を余儀なくされる中、「1人あたりの米の消費割合は、1914年には124リットル、…であったのに対し、不況のときには77リットル（1929年の例）」(26)にまで減少してしまった（表1-3参照）。その結果、「農民たちはじり貧状態からの脱出を、…［中略］…しだいに農業外所得に求めて、労働力の切り売りをしなければならなくなった」(27)。つまり、「あの美しい故郷を離れて、遠い異国の地にくることになったのは、ただ食えないっていう理由からじゃった」(28)と述べられている状況に陥った

(25) 前掲「在日朝鮮人社会の成立と展開」、334頁。
(26) 前掲『現代朝鮮の歴史』、280頁。
(27) 前掲「在日韓国人の形成史」、106頁。
(28) 中国朝鮮族青年学会編、館野あきらほか訳『中国朝鮮族生活誌』社会評論社、1998年、108頁。

のである。

「いうまでもなく、韓国の流民現象、さらにはその一部としての日本への渡航現象をうみだした根源は、…［中略］…農村経済の深刻な破綻」[29] に他ならなかったのである。

3　失業者問題

表1-4　朝鮮人および日本人における失業率（単位：%）

年	朝鮮人（姜によるデータ）		朝鮮人（許によるデータ）		日本人	
	府邑	郡	都市	農村	府邑	郡
1930	12.5	–	–	–	5.9	–
1931	15.0	–	–	–	7.2	–
1932	12.9	12.1	–	–	4.4	1.9
1933	11.6	10.1	11.6	10.1	3.9	1.1
1934	10.0	9.4	10.0	9.4	3.8	1.3
1935	10.1	7.3	10.1	7.3	3.6	0.7
1936	8.1	7.0	8.1	7.0	2.3	0.5
1937	6.3	4.7	6.3	5.0	1.4	0.2
1938	6.3	3.4	–	–	1.1	0.1
1939	5.4	3.4	–	–	0.7	0.4
1940	2.7	1.9	–	–	0.5	0.1

出典）姜萬吉『日帝時代の貧民生活史研究』（韓国語）、創作と批評社、1987年、373頁；許粹烈「日帝下朝鮮の失業率と失業者数推計」『経営史学』第17号（韓国語）、22頁。

海外への「農民移出の必然性」が植民地朝鮮における「小作制度の拡大」ならびに「小作条件の悪化」[30] であったことは、上

---

(29) 前掲「在日韓国人の形成史」、105〜106頁。

(30) 姜萬吉『日帝時代の貧民生活史研究』（ハングル）、創作と批評社、1986年、101頁、前掲「日帝時代における韓国と日本の実質賃金格差および人口移動に関する試論」、136頁。「収穫量よりもより多くの小作料を収奪される場合もあった」（同書、39頁）。

記で述べたとおりである。

　では次に、なぜ在日韓国朝鮮人1世は、その時期において、農村部と比べ賃金が高かった（**表1-1 参照**）都市部へ移り住まずに、遠隔地の日本等にまで移住したのかについて論じる。結論から述べるならば、それは、「結婚した一人前の男にも（都市部には―引用者）働き場所がなく、日本へ出稼にいくしかなかった」[31]からである。

　既述のように、「農民が都市に行って、そこで職業に就けるということがきわめて少なかった。そこには朝鮮人失業者が多かったからである。日本人失業者は2パーセント前後に過ぎなかったが、朝鮮人の場合は10パーセントを超える水準になっていたのである。ちなみに1933年の朝鮮人の失業率は10パーセントで、前年は12パーセント、34年は9パーセントであったとされてい」[32]た（**表1-4 参照**）。この最大の理由は、「京城（現在のソウル）のような都市はともかく、朝鮮全体について見れば都市化や工業化が進んでいたのは一部であ」ったためである[33]。「1920年代にわたって、およそ年間15万名の農村貧民が農村から離れていったが、植民地下の産業構造では、彼らを工場労働者として受容できる条件はなかった。…［中略］…1931年において労働者を5人以上抱えている工場全体での朝鮮人工場労働者数は10万604名であった。言い換えれば、工場労働者数は年間に農村を離れる農村貧民数である15万をはるかに下回っていたのである」[34]と

---

(31) 金君子「強制立退の不安のなか、ウトロで生きる」小熊英二ほか『在日1世の記憶』集英社、2008年、446頁。
(32) 前掲『日本の朝鮮・韓国人』、36頁。
(33) 前掲『朝鮮人強制連行』、21～22頁。
(34) 前掲『日帝時代の貧民生活史研究』、106～106頁。

表1-5　植民地期における朝鮮人の職業別構成（単位：名、%）

職業別	1917年		1926年		1935年	
	人数	比率	人数	比率	人数	比率
農業・林業・牧畜業等	14,095,950	84.8%	15,463,774	83.1%	16,598,923	78.1%
漁業および製藍業	226,345	1.4%	262,983	1.4%	300,943	1.4%
工業	357,590	2.2%	415,294	2.2%	540,221	2.5%
商業および交通業	975,903	5.9%	1,142,766	6.1%	1,400,003	6.6%
公務および自由業	235,828	1.4%	420,030	2.3%	633,926	3.0%
その他有業者	454,910	2.7%	657,487	3.5%	1,421,038	6.7%
無職および職業無申告者	270,896	1.6%	252,699	1.4%	353,810	1.7%
計	16,617,422	100.0%	18,615,033	100.0%	21,248,864	100.0%

出典）姜萬吉『日帝時代の貧民生活史研究』（韓国語）、創作と批評社、1987年、336頁（元は、『朝鮮総督府統計年報』）。

いう状況であった（**表1-5参照**）。

　その上で、「農村部から流出してきた人口を、農業が吸収できなかったことで、失業人口が減少」[35]しないまま、「1917年に、農業部門人口が84%を超え、1935年には78%と、…［中略］…全体人口の絶対多数を占めてい」る中で、「工業部門人口の場合は、1917年に2.1%であったのが1935になっても2.5%にしか上がらなかった」[36]。

　その結果、朝鮮人の失業率は当時深刻な水準に達していた。「（全国的に―引用者）朝鮮人は、23%近くの失業率を呈してい」[37]たのである。その中でも、「失業率が最も高かった地域は慶尚南道で、その次は全羅北道、また、その次が全羅南道であった」[38]（**表**

---

(35) 同上、336頁。
(36) 同上、336〜336頁。「工場工業の勃興により労働力の需要が増大するに従い、農村における青年等を誘引しているわけではない」（『東亜日報』（ハングル）、1926年4月12日）。
(37) 同上、342頁。
(38) 同上、348頁。

1-6 参照）[39]。

表1-6　全国の朝鮮人失業率（単位：%）

道別	1933年	1934年	1935年	1936年
京畿	10.0	10.6	9.2	7.6
忠北	9.1	6.5	5.0	4.5
忠南	7.6	5.4	4.4	5.2
全北	13.8	10.4	9.5	8.1
全南	9.3	7.8	8.7	6.9
慶北	7.4	7.0	6.6	6.5
慶南	16.2	18.1	11.5	12.8
黄海	9.4	8.9	6.0	6.0
平南	9.6	8.1	7.7	5.2
平北	5.9	5.7	5.4	4.1
江原	11.8	11.0	6.7	7.5
咸南	12.7	9.8	9.0	10.0
咸北	5.1	6.6	4.8	2.3
計	10.2	9.6	7.9	7.3

出典）『朝鮮総督府調査月報』1934年4月号、61頁；同6巻3号、1935年3月、17、22-29、30-34頁；同1936年8月号、77-79頁；同8巻6号、1937年6月号、22-29頁。

表1-7　朝鮮人における都市失業率（単位：%）

京畿道（1931年）	26.44%
大邱（1930年）	5.86%
大邱（1931年）	4.00%
平壌（1931年）	6.00%

出典）『東亜日報』1931年12月5日；同1930年2月22日；同1931年11月26日；同1931年11月29日。

注）①京畿道は京城、仁川、開城、永登浦、水源を含む；②大邱（1931年）および平壌（1931年）は日本人を包含する。

失業者問題は都市部でも深刻であった[40]。「現在（1924年—引用者）京城内に居住する朝鮮人の大体10分の8が安定した職を持っていない」[41]状況に置かれていたのである。そのような中、表1-7に見られるように、「府地域においては京城と釜山等のいくつ（か—引用者）の都市の

―――――――

(39)「失業者問題が大きく台頭してきたのは1920年代に入ってからであった」（同上、335頁）。

(40) 同時期における失業率は実はもっと高かったと思われる。なぜならば、「任意に就業しないもの等は失業者にみなさな」かったためである（前掲『日帝時代の貧民生活史研究』、361頁、前掲『スティグリッツの経済学：「見えざる手」など存在しない』、106頁）。

(41) 前掲『日帝時代の貧民生活史研究』、336頁、『東亜日報』（ハングル）、1924年5月22日。

失業者数が全体の府失業者の殆どを占めてお」[42] いた [43]。

　以上のように、「朝鮮内で働く場所が十分に確保できな」[44] い状況下、「都市周辺にあつまって貧民層を形成し」、「また一部分は国外（主に日本と北方大陸）に流出する現象をうみだ」[45] すうになっていく中で、「1927 年春の場合、約 15 万名の流出農民の中の 17.2% が」[46]、朝鮮内の京城・釜山等でなく、日本に渡っていくこととなったのである。

4　朝鮮人の来日

　上記でも述べたように、都市部において失業率が高い場合は、農村部の労働力は都市部に移動しなくなる（＝「効率賃金仮説」）。そこで、「不完全情報」という状況下で移動していく可能性が高くなる。当時の朝鮮人の日本「内地」への渡航はまさに、このような状況を下に生じた。

　繰り返しになるが、「農民が都市に行って（も―引用者）、（朝鮮人の失業率が高かったため、―引用者）そこで職業に就けるということがきわめて少なかった」[47] ゆえに、結果として、「朝鮮の

---

(42) 許粹烈「日帝下朝鮮の失業率と失業者数推計」『経営史学』第 16 号（ハングル）、1993 年、20 頁。
(43) しかも、労働紹介所を通じた朝鮮人における求職率は極めて低い水準にとどまっていた。たとえば、「1923 年に既にソウルだけに 6000 余名がいたが、そのうち、わずか 1000 余名しか求職できな」く（前掲『日帝時代の貧民生活史研究』、366 頁）、「就職率が 35% を上回ることはなかった」（同書、381 頁）のである。
(44) 前掲『日本の朝鮮・韓国人』、36 頁。
(45) 前掲「在日韓国人の形成史」、108 頁。
(46) 『東亜日報』（ハングル）、1926 年 4 月 12 日、前掲『日帝時代の貧民生活史研究』、105 頁。

表1-8　在日韓国人および中国東北地区在住者の人口動態（単位：人）

年	在日韓国人	中国東北地区在住者
1909	790	–
1910	N/A	158,433
1911	2,527	–
1912	3,171	–
1913	3,635	–
1914	3,542	–
1915	3,989	459,400
1916	5,638	–
1917	14,501	–
1918	22,262	–
1919	28,272	–
1920	30,175	–
1921	35,876	–
1922	59,865	–
1923	80,617	–
1924	120,238	–
1925	133,710	–
1926	148,503	–
1927	175,911	–
1928	243,328	–
1929	276,031	–
1930	298,091	589,424
1931	318,212	–
1932	390,543	–
1933	466,217	–
1934	537,576	–
1935	625,678	791,906
1936	690,501	–
1937	735,689	–
1938	799,865	–
1939	961,591	1,162,127
1940	1,190,444	1,345,212
1941	1,469,230	1,464,590
1942	1,625,954	1,540,583
1943	1,882,456	–
1944	1,936,843	–
1945	2,100,000	2,163,115

出典）姜在彦「在日韓国人の形成史」東国大学校日本学研究所『日本学』
1984年、82頁（もとは『内務省警保局統計』）；樋口雄一『日本の朝鮮・韓国
人』同成社、2002年、23頁。

注）在日韓国人における1945年は9月推定。

人口動態は（日本等への—引用者）国外流出へと転じ」⁽⁴⁸⁾るようになったのである⁽⁴⁹⁾（**表1-8参照**）。

　このような現象が生じるようになったのは、その時期、日本に関する間違った情報（いわゆる「不完全情報」）が朝鮮で広がっていたからである。その例は、以下のとおりである。

　❶「このころ日本では紡織業が盛んで、労働者を集めるために朝鮮にまで募集人がやってきて、女の子や婦人を日本に連れていった。…［中略］…まずはじめは女たちが誘われて日本に渡った。最初に前金で10円か15円くらいくれるし、日本で働けばたとえ何円かずつでも金を送ってくる。そうすると『これはいいな』ということになって、今度は男たちもみんな行った。『日本へ行けばいくらでも職があってお金がたまる』というような甘い言葉でつっていた。…［中略］…このような話を聞いて、『わたしも日本へ行って働きながら勉強しよう』と決心」⁽⁵⁰⁾する有様で、日本への移住者は増加していき、「日本内地に向かう朝鮮人の数が目立ち始めたのは1910年代の半ばであり、…［中略］…1920年代に入ると…［中略］…、朝鮮人来日者はむしろ増加していった。…［中略］…1920年代後半以降（も—引用者）…［中略］…日本内地に向かおうとする人びとはいっこうに減少しなかった」⁽⁵¹⁾。

　❷「故郷にいたときは、ご飯は麦飯、それも冷えれば岩のようにガチガチになってしまうようなものを食べていた。…［中略］…日本へ行けば、2度3度、白い米の飯がたらふく食べられて、

---

(47) 前掲『日本の朝鮮・韓国人』、36頁。
(48) 前掲『現代朝鮮の歴史』、269頁、同上、23頁。
(49)「全朝鮮人の5分の1に達する人々が国外に移動した」（前掲『日本の朝鮮・韓国人』、23頁）。
(50) 前掲『在日60年・自立と対抗』、36～36頁。
(51) 前掲『朝鮮人強制連行』、30～31頁。

小遣いももらえて、良い生活ができる、とそのように小さいころから聞かされてきた」[52]。

　ただし、日本に渡航してきた朝鮮人は、以下のとおりに、「じっさい日本に来てみて、そううまくはいかないということがわか」[53]るようになる。

　❶「あらゆる業種で日本人労働者との賃金差別があり、…［中略］…」[54]、「（日本人とは―引用者）労働時間は同じだが、朝鮮人は仕事が違い、かなりきついものだった」[55] のである。

　❷「単身者で、しかも月収35円といえば、朝鮮人労働者の全体の水準からするならばきわめて高い方である。（だが、―引用者）その生活状態というのは、みてのとおり、まったく原始的生命そのものの保存・維持のためのギリギいっぱいの最低生活であ」った[56]。

　つまり、農村経済の破綻によって没落した農村出身の多くが移住先として選択したのは日本本土であったが、そこで彼らが目にしたのは「飯と藍とナッパ」といった「奈落の生活」[57] に他ならなかったのである。

---

(52) 前掲『在日60年・自立と対抗』、46頁。
(53) 同上、46頁。
(54) 前掲「在日朝鮮人社会の成立と展開」、335頁。「朝鮮人労働者の賃金は、日本人労働者の賃金にくらべても、ほぼ半額にひきさげられ、…［中略］…在日朝鮮人労働者にもおなじく適用された」（前掲「在日韓国人の形成史」、116頁）。
(55) 前掲『在日60年・自立と対抗』、45頁。
(56) 前掲「在日韓国人の形成史」、122頁。
(57) 同上、104、123頁。

おわりに

これまでの検証により明らかになった点、および「近代化論」における誤謬点をまとめてみるならば、次の如くとなる。

（a）. 植民地朝鮮から日本への朝鮮人の大移動は、「近代化論」の捉え方とは異なり、「市場原理」によるものではなかった。むしろ、「『見えざる手』（＝市場の価格メカニズム）など存在しない」[58] ことを示唆する、【農業経済の破綻→都市部における高失業率→在日朝鮮人人口の膨張】といったプロセスによる結果であった。つまり、日朝（＝日本と植民地朝鮮）間の賃金差によって、1930年代まで朝鮮人の日本「内地」への大量移動が発生したという「近代化論」の説は修正されるべきであろう。

（b）. 冒頭でも述べたとおり、「近代化論」は、植民地期において、朝鮮人の生活水準は向上していったと力説している。しかし、本章の検証によれば、それとはほぼ正反対の結論が導き出された。農村は疲弊し、そして失業問題は全国において深刻な水準に達していたのである[59]。

---

(58) 前掲『スティグリッツの経済学：「見えざる手」など存在しない』を大いに参考とした。

(59) 「植民地になる以前に育った人々は、日本人より身長が大きく育つことの出来る食の条件下にあり、『韓国併合』以降は一貫して身長が低くなっているということが達里という農村で実証されたということを意味している」（樋口雄一『日本の植民地支配と朝鮮農民』同成社、2010年、5頁）。確かに、植民地期において、朝鮮人全体の「富」は増加していったとは思われる。しかし、データ不足により、それの「実状」を正確に掴むことはできなかったが、当時は、【日本人⇔朝鮮人】の「二重構造」のほかに、もう一つの「二重構造」、すなわち、【「上位」の朝鮮人⇔「下位」の朝鮮人】という「二重構造」も存在していたと考えられる。つまり、該当期間中、同「二重構造」、表現を変えると、その「貧富の差」が拡大していくにつれ、多数の朝鮮人（＝「下位」の朝鮮人）の生活水準はむしろ悪化していったと見られる。

第2章

どうしてコリアンが日本で女工として
働くようになったのか？

はじめに

　本章の目的は、朝鮮人女工による経済的効果を図ることによって、在日コリアン関連研究に対し新たなアプローチを与えることである。

　Robert William Fogel は、奴隷制という階級制度を経済学的に分析し、かねてからの「アメリカ黒人は、アメリカという土壌の上で、彼らの最初の250年のあいだ、文化もなく、業績もなく、発展もなかった」という見解を打破した。即ち、①「奴隷には自由な産業労働者と比べてもかなり良い生活水準を享受していた」、②「典型的な奴隷は、自分の生産活動が生み出した収入のおよそ90% も見返りとして受け取っていた」、③「典型的な奴隷労働は効率がよかった。その理由として、奴隷の物資的な（心理的ではなく）生活状態は自由身分の産業労働者と比べても恵まれていた

からだ」、④「行動の原動力は自己利益だ。何といっても健康な奴隷のほうが生産性は高い。奴隷の所有者はロバにも奴隷にも同情心を持たないが、どちらにも働いてもらいたいから健康を気遣う」という、かつての奴隷制の経済学の伝統的解釈とは全く異なる結論を導き出した[1]。

こうした「階級制度」を経済学にリンクさせた彼の新たな試みは、「市場の万能説」に再考を促すものであった。つまり、「市場」による最も合理的な制度も、もしそれが倫理上決して許容されてはいけないものだとすれば、同制度は、「政府」の介入などによって「消滅」させるべきという結論をFogelは下したのである[2]。要は、彼の研究方法・視座は、いわゆる「市場の失敗」もしくは「政府の必要性」を立証した最も有効なものであったのである。

しかしながら、これ以降、この問題提起はほぼ無視され、これに関するさらなる掘り下げが行われることは殆どなかった。具体的には、酷似したシステムのケーススタディーを通じて、フォーゲルの研究成果はより磨かれる必要があったにもかかわらず、これに関する検討が殆どなされてこなかったのである。

それゆえ、本章では、階級制度への経済的な検討といったその研究成果を一歩前進させるという趣旨の下、植民地期の最も代表的な階級制度の一つに該当する「朝鮮人女工」に対する検討を行う。

そのうえ、本章においては、岸和田紡績株式会社における朝鮮人女工を研究対象とするが、それは、①同社が、第1次世界大戦

---

(1) Robert William Fogel, Stanley L. Engerman, *Time on the Cross: the Economics of American Negro Slavery*, Wildwood House, 1974 を参考にされたい。
(2) 「奴隷制が経済的に効率のよいシステムであれば、自らから崩壊するはずがないと考えた。奴隷制のように収益率の高い産業を消滅させる唯一の方法は政府による介入であり、この場合にはそれが軍事行動だった」。

中およびその後の戦後のブーム期に飛躍的に発展しながら、日本経済を大いに牽引していた「日本綿業」の一角をなしていたこと[3]ならびに、②同社の朝鮮人女工に関する史料および研究成果が他社のそれと比べ多いことによる。

　例えば、先行研究について述べると、同社の朝鮮人女工に関し「植民地期に日本へ渡航[4]し、工場労働者となった済州島出身女性」を取り上げた藤永壮「植民地期・在日朝鮮人紡績女工の労働

---

(3) 阿部武司『繊維産業』日本経営史研究所、2013年、藤野正三郎ほか『繊維工業』東洋経済新報社、1979年参照。「我が国の製糸業は、海外からの需要、国内需要、およびそれに応ずる資本蓄積と生産方法の改善とによって、テンポの速い成長過程をたどったのである。それは国内産業をして工業化に向かわしめ、成長への諸力を培養する成長核の重要な1つとなると同時に、工業化に必要な物資を海外から輸入するための外貨獲得上不可欠な産業部門としての役割を果たした.」
(4) 朝鮮人女工のほとんどは、関釜連絡船によって「内地」に運ばれていたが関釜航路は、もともと私鉄であった山陽鉄道傘下の山陽汽船によって開拓されたものであるが（**付図2-1参照**）、その後は、鉄道国有法によって山陽鉄道が国有化されたために鉄道院の運営となった。第2次世界大戦前までは、日本から朝鮮半島、満州国、中華民国、そして、ヨーロッパに至る国際連絡運輸の一部としての役割も担っていた。その他には、日本と朝鮮半島との間を結ぶ連絡船としては大阪と済州島を結ぶ「君が代丸」が存在する程度であった。1920年代から、「内地産業の発展に伴い、わが国に渡航する朝鮮人が多くなるが、その大部分は居住地の関係で夜行便に集中していた」（古川達郎『鉄道連絡　100年の航跡』成山堂書店、1988年、62頁）。

付図2-1　関釜連絡船および関釜航路

古川達郎『鉄道連絡船100年の航跡』成山堂書店、2001年；古川達郎『日本の鉄道連絡船：1984-1976』海文堂出版、1976年。

と生活―大阪在住の済州島出身者を中心に」『女性史学』第22号、2012年7月など、数多く存在する。だが、同システムを経済学の視点から検証したものは皆無である。そのため、本章は、それらの先行研究にもとづいて、同制度を経済学的に検討したものである。

また、本章の構成は次のとおりである。まず1では、岸和田紡績株式会社および同社の朝鮮人女工に関して簡潔に言及する。2では、朝鮮人女工雇用の理由さらに、その利点について論じる。最後に、本章での検討を踏まえ、議論をまとめる。

図2-1 岸和田紡績株式会社津工場

出典）岸和田紡績㈱『岸和田紡績株式会社五十年史』岸和田紡績㈱、1942年。

1　岸和田紡績株式会社および朝鮮人女工

まず、岸和田紡績株式会社（以下、岸和田紡績）に関して簡潔に紹介しておこう[5]。

---

[5] 岸和田紡績㈱『岸和田紡績株式会社五十年史』岸和田紡績㈱、1942年参照。

- 34 -

同社は、1881年、寺田甚与茂ほか24名が連名で大阪府知事に対し設立申請を行い、翌1882年12月10日に本社および工場を起工、1894年1月20日に岸和田紡績株式会社として開業した。設立当初の資本金は250万円であった。1903年（明治36年）2月7日には泉州紡績株式会社（1889年設立）を合併し、また泉州紡績の戎島紡績所（堺紡績所）を同社の堺工場とした。1912年10月7日には大阪府泉南郡北掃守村大字春木に春木分工場を設立した。さらに、1923年7月23日には、和泉紡績株式会社を合併、この工場を同社の津工場としたのである（図2-1 参照）。

　その後、同社は、各工場の「機械設備刷新」を行い、老朽化した施設および工場の整理を断行したり、営業所を新たに開設、それに本店幹部を結集するなど、「事業の効率化」を図ったりしながら、成長していく。さらに、1940年6月には、中国天津にも工場を建設、操業を開始した。だが、その後、大日本紡績と正式合併したことで解散するに至った（1941年7月26日）。

　では次に、同社が朝鮮人女工を受け入れ始めた経緯について触れよう(6)。

図2-2 朝鮮人女工

出典）『大阪朝日新聞』1913年12月26日。

---

(6)『大阪毎日新聞』1921年4月27日、『大阪朝日新聞』1920年1月25日〜1920年1月29日。

同社が朝鮮人女工の雇用を開始したのは、1918 年であった。同社は第 1 次大戦による好況により女工が不足すると、1918 年 3 月に事務員を朝鮮にまで派遣し、まず 50 名の朝鮮人女工を雇用したのである（**図 2-2 参照**）。

　さらに、朝鮮人女工は「比較的成績良好」であったことから、同年 7 月には 100 名の朝鮮人女性を追加募集し就業させた。その後も、朝鮮人女工は「優良職工として認められて需要度が増加」、その結果、「1925 年 2 月時点では、本社工場に 300 名、野村分工場に 270 名、春木分工場に 500 名、堺分工場に 128 名に朝鮮人女工の数は増えて」いった（**表 2-1 参照**）。

表2-1　岸和田紡績会社各工場別、年度別職工数調（単位：人）

1924年			
	男	女	朝鮮人女工数
岸和田紡績堺分工場	199	752	96
岸和田紡績本社工場	374	1,342	199
岸和田紡績野村工場	338	933	213
岸和田紡績春木工場	477	1,786	119
計	1,388	4,813	627
1928年			
	男	女	朝鮮人女工数
岸和田紡績堺分工場	171	550	N/A
岸和田紡績本社工場	280	1,114	295
岸和田紡績野村工場	210	736	194
岸和田紡績春木工場	425	1,254	336
計	1,086	3,654	825

出典）松下松次編『岸和田紡績の争議』ユニウス、1980年、20頁；『大阪府統計表』各年度版；三木正一「在阪朝鮮人について」『大大阪』1929年4月号；朝鮮総督府編『阪神・京浜地方の朝鮮人労働者』1924年7月。

　以上のように、同社は、第 1 次大戦による好況により女工が不足していたことから、後述するように、「安い労働力」として朝鮮人女工を雇い始めたのである。

2 朝鮮人女工雇用の動機

（1） 人件費の節減

　まず、同社が朝鮮人を女工として受け入れた動機の一つは、既述の如く、人件費の節減であった。いわば、「いずれにしても朝鮮人女工は、もともと安い労働力として移入されていたのであるから、資本家ができるだけ賃金を安くしようとしたことだけは間違いな」[7]かったのである。

　事実、「紡績原価に占める人件費の割合は大きく、約6割が労賃になってい」たといわれる（**表2-2参照**）。しかも、「1920年代から昂揚した労働運動は、

表2-2　1928年下半期の岸和田紡績の損益計算書（単位：円）	金額	比率
収入の部　綿　　　　　　糸	11,594,919	81.2%
綿　　　　　　布	1,690,865	11.8%
屑　糸　落　棉	276,056	1.9%
工場仕掛物後期繰越高	325,682	2.3%
雑　　収　　入	400,300	2.8%
計①	14,287,822	100.0%
支出の部　原　　　　　　棉	9,323,422	70.5%
織　布　原　糸	1,053,422	8.0%
工場仕掛物前期繰越高	406,747	3.1%
営　　業　　費	2,274,679	17.2%
税　　　　　　金	147,931	1.1%
火　災　保　険　料	9,584	0.1%
計②	13,215,785	100.0%
①－②	1,072,037	

出典）岸和田紡績㈱『第70回営業報告書』昭和三年下半期。

表　1924年下半期の岸和田紡績の損益計算書（単位：円）	金額	比率
収入の部　綿　　　　　　糸	10,019,339	80.2%
綿　　　　　　布	900,269	7.2%
屑　糸　落　棉	251,692	2.0%
工場仕掛物後期繰越高	417,831	3.3%
雑　　収　　入	898,032	7.2%
計①	12,487,163	100.0%
支出の部　原　　　　　　棉	8,097,885	73.5%
織　布　原　糸	640,707	5.8%
工場仕掛物前期繰越高	355,256	3.2%
営　　業　　費	1,644,615	14.9%
工　　場　　費	93,770	0.9%
税　　　　　　金	175,457	1.6%
火　災　保　険　料	9,083	0.1%
計②	11,016,773	100.0%
①－②	1,470,390	

出典）岸和田紡績㈱『第62回営業報告書』大正十三年下半期。

（7） 金賛汀ほか『風の慟哭』田畑書店、1977年、123頁。

図2-3 女工1日平均貨幣賃金率（単位：円）

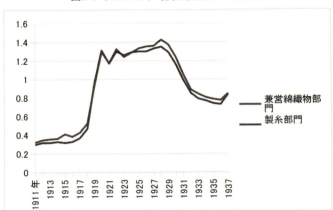

出典）大川一司編『繊維工業（長期経済統計11）』東洋経済新報社、1979年、274、277頁。

国内マイノリティ集団の権利意識を高め」[8] ていた結果、女工の賃金は、図2-3のように急上昇している状況であった。

そうした中、日本人女工と「技術的な差」がないにもかかわらず[9]、「安い労働力」であった朝鮮人女工の雇用は、日本人女工の「賃銀値上に対する牽制策」[10] としても、同社における経営・運営面（表2-3参照）において「得」となっていた。

ところで、同社で働いていた朝鮮人の賃金はどれくらいであっただろうか [11]（表2-4参照）。

表2-4によると、1924の朝鮮人女工の賃金は、0.95円（一日平均）であった。それに対し、同年の同社の全体一日平均賃金の

---

(8) 河明生『韓人日本移民社会経済史：戦前編』明石書店、1997年、78頁。
(9) 金賛汀『朝鮮人女工のうた』岩波新書、1982年、86、87頁。
(10) 『大正日日新聞』1920年5月19日。
(11) 松下松次「近代紡績業と朝鮮人」『近代史研究』19号、大阪歴史学会近代史部会、1977年10月、12～13頁。

- 38 -

表2-3　岸和田紡績の利益率（単位：円、％）

		払込金	純益金	利益率
1920年	上半期	6,144,000	5,170,930	84.2%
	下半期	6,144,000	1,830,458	29.8%
1924	上半期	6,186,000	1,192,191	19.3%
	下半期	6,186,000	1,420,488	23.0%
1925	上半期	6,186,000	1,150,865	18.6%
	下半期	6,186,000	1,149,307	18.6%
1929	上半期	6,186,000	973,920	15.7%
	下半期	6,186,000	810,489	13.1%
1930	上半期	6,186,000	欠損	欠損
	下半期	6,186,000	309,266	5.0%

出典）岸和田紡績㈱『岸和田紡績五十年史』岸和田紡績㈱、1942年、125〜126頁。

表2-4　朝鮮人女工・日本人女工の賃金表

岸和田紡績会社朝鮮人女工・日本人女工の賃金表（単位：円）			
朝鮮人			日本人
最高	最低	平均	平均
1.30	0.60	0.95	1.03

出典）朝鮮総督府編『阪神・京浜地方の朝鮮人労働者』1924年7月；「岸和田紡績会社各工場別・男女別1日平均賃金調査」『大阪府統計書』。

注）①一日平均；②単位：円。

日本人女工の賃金と朝鮮人女工の賃金（単位：銭）			
年齢	調査数	日本人の一日平均賃金	具幸子の一日賃金
13	37	9.1	−
14	126	23.9	−
15	163	36.2	−
16	159	44.6	10.0
17	115	58.7	30.0
18	134	53.9	−
19	128	57.7	−
20	119	60.9	−

出典）金賛汀ほか『風の慟哭』田畑書店、1977年、123頁（もとは、福井県調査）

注）①具幸子＝朝鮮人；②1922年春；③具幸子17歳は1928年のもの。

それは 1.03 円となっていた。つまりは、朝鮮人女工の賃金は、同社の全体一日平均賃金よりも 0.08 円もの差があったのである。

このように、朝鮮人女工と日本人女工の間に賃金格差が発生していたのは、実は、「賃金差が出てくるような仕組み」を同社が採っていたからであった。例えば、同社は、「技術に等級を決める際、朝鮮人女工には厳しく日本人女工には甘くする技術査定によって」[12]、あるいは、「古くて能力の悪い機械を朝鮮人女工に与える」[13] などすることによって、このような賃金格差をつけ、朝鮮人女工の「膏血を搾り取つて」いたのである [14]。

では、そのように、「食費を差引くと残り四銭、石けんやちり紙や、一カ月に一足の麻裏ぞうりを買うと一銭も残」らなかった日本人女工の「十三銭の日給」[15] よりも相当安かった賃金で朝鮮人女工を雇ったことで、同社は、どれほどの「節減効果」が得られていたのか。

それを、関連データが入手できる 1924 年に限って推定してみると、その「節減効果」は年間 1 万 8,308 円となっていた（賃金の差 0.08 円 × 朝鮮人女工数 627 人 ×365 日）。

---

(12) 前掲『朝鮮人女工のうた』、84 〜 85 頁。
(13) 同上、85 頁。
(14) 佐倉啄二『復刻 製糸女工虐待史』信濃毎日新聞社、1981 年、174 頁。「賃金水準は、資料によりかなり違いがあるが、1923 年末の大阪市での調査では、朝鮮人紡績工の日当は「普通で 1.20 円となっており、朝鮮人労働者全体の 1.54 円の 8 割弱、日本人紡績工の 1.70 円の 7 割程度であった。また同じく大阪市で 1930 年 10 月現在、繊維工業に従事する朝鮮人女子労働者の日当 82 円は、朝鮮人女子労働者全体（81 円）の中では平均的だが、朝鮮人男子労働者 134 円の約 6 割、日本人女子労働者 92.9 円の 9 割弱に過ぎなかった（表 5）。すなわち紡績工をはじめとする朝鮮人女子繊維工の賃金は、朝鮮人女子労働者全体の中では平均的だが、同じ繊維工業の朝鮮人男子労働者や日本人労働者に比べれば、低額であったことは間違いないだろう」。
(15) 高井としを『わたしの「女工哀史」』岩波文庫、2015 年、32 頁。

要するに、「安い労働力」の朝鮮人女工を使うことで、例えば、同社は1924年において年間1万8,308円の人件費の節約に「成功」していたのである。

(2) 安定した労働力の確保

　なお、朝鮮人女工を使うのは、労働力の安定化という点でもう一つの動機があった。

　実は、当時、日本人女工の「雇用には何んらの不自由」がなかったという[16]。にもかかわらず、同社は、「朝鮮の人たちを大ぜい雇っていた」[17]。その理由は、同社での「過酷な労働と生活」により、「当然ながら（日本人女工の―引用者）逃亡者が続出」していたからであった[18]（**表2-5参照**）。その過酷かつ劣悪な「労働と生活」は次のとおりである[19]。

表2-5　去就人員100人に対する比例表

紡績会社名	6カ月以内に去りたる者	6カ月以上就職する者	契約年限勤続する者
大阪	20	80	25
天満	40	60	30
岸和田	40	60	-
朝日	60	40	-
泉州	55	45	-
野田	80	20	-

出典)『明治・大正大阪市史』。

● 「食堂はきたなく、うす暗かったし、おかずらしいものもなく、毎日みそ汁とつけものばかりで、たくあんも古くてくさいし、みそ汁も実らしいものははいっていなくて、ときどきはハエや油虫

---

(16) 前掲『復刻 製糸女工虐待史』、174頁。
(17) 前掲『わたしの「女工哀史」』、43頁。
(18) 同上、42頁。
(19) 同上など参照。

が浮いていました。…その上ご飯は外来の白飯で、細長い米がねばりもなくばらばらで、箸にも棒にもかからんものでした」。

●「まる一年すぎても日給は一銭も上がらず、…［中略］…」。

●「紡績 の場合は昼夜二交代制なので、労働時間は 12 時間になる。これは夜業があるのでたいへん。製糸業は昼間だけの仕事なので、時間はもっと長くなる」。

●「朝 4 時 30 分から仕事、6 時から 15 分間の朝食、10 時 30 分から 15 分間の昼食、3 時 30 分から 10 分間の休憩、7 時に終業、9 時に就寝。これで 13 時間 50 分の労働時間で、比較的楽な方である」。

●「仕事は湿気と高温の中でおこなわれる。冬でも工場内は 27 度ある。信州であれば、外は朝なら氷点下。頭からべったり濡れているので、出入りしているとすぐに風邪を引くことになる。蚕の臭いが強烈につき、白い服も一日で黄色く染まった」。

●「寄宿舎は 10 畳に 26 人押し込める。教室が 30 畳なので、ここに 80 人の計算。布団 1 枚に 2 人が寝る。紡績工場の場合は夜業があるので、ここでは昼夜交代で 1 枚の布団を使う。衛生状態が悪いので、肺結核が蔓延する」。

●「概ね各工場とも環境は最悪で、密閉された空間で換気もされず粉塵などが舞い、様々な病気の原因となっており、結核やトラコーマ、呼吸器病、生殖器病、眼病など様々な病を彼女たちが襲い、しかも工場側は女工が苦痛や病気を訴えても休息を与えたり医者に見せようとしないことが多かったため、病に伏せる者、失明等障害を負う者、あるいは死者も少なくなかった」。

●「会社でくれる蒲団は 1 枚くれると、それを取りかえてくれるということは絶対になかったですね。…［中略］…近くで見れば

- 42 -

あかで布地が黒く光っているようなものでした。私が寮に入って最初の日に会社から出してくれた蒲団は、前に働いていた女工さんが使っていた蒲団で、渡されたとき、ものすごい臭いがして、吐き気をおぼえました。その日、その蒲団の上で寝ようと思っても臭いがひどくて寝れませんでした」。

●「会社の寮監に、南京虫をなんとかしてほしいというと、その寮監が、『南京虫が出てくるのは俺の責任ではない。なんとかしろといわれても困るというので、そんなこといわないで会社で薬を買って撒いてくれるように頼んでほしいというと、「予算がないのにそんなことは頼めない。南京虫にでも、今日から私を噛まないようにと頼むんだな」と嘲笑って…［中略］…」。

●「伝染病にかかった女工はもうどうでもよい、１ヵ所に隔離し、そこで極端にいえば死んでしまってもかまわない、というような扱い」だった。

●「それが腐ったような魚で、その魚も鰯や鯖でしょう。…［中略］…その魚も半腐りで、しかも尻尾や頭なんか食べられるわけがありません」。

●「おかずに千切りの煮たものが出るのですが、千切りを長いことおいておくと虫がわくんです。賄いでは虫がわいていてもそのまま煮こんで出すものですから、食べている途中に虫が何匹も出てきたりするんです」。

　つまり、こうした「日給は安く、食物はまず」(20)い状況の中、「寄宿舎には逃亡防止の鉄条網があり、夜は外から鍵をかけられ、外

---

(20) 前掲『わたしの「女工哀史」』、43頁。

出は禁止であった」にもかかわらず、日本人女工の逃亡者は後を絶たなかったのである。

それに対して、朝鮮人女工の場合は、日本人女工とはその事情と状況が異なっていた。

まず、既述の如く、「働いても残らない賃金」[21]に、「朝鮮からの旅費までもが女工の負担であった」ことから背負わざるを得なくなった「借金が身柄を拘束する」[22]ことに加え、「朝鮮人の場合故郷が遠く帰るにしても困難を伴い、その上、民族差別によって就職の門戸が狭いために、日本人よりも会社をやめにくいから」であったのである[23]。

したがって、「製糸会社に買われてきた」「ハルモニ（朝鮮人女工—引用者)」[24]の勤続年数は日本人の勤続年数よりも長くなっていた[25]（表2-6参照）。ここに、紡績会社が朝鮮人の使用を行う主要な理由の一つがうかがえる[26]。すなわち、安定した労働力確保という点から、朝鮮人女工の雇用は、同社にとって大きな利点があったのである。

表2-6　朝鮮人女工勤続年数構成

勤続年数	人数
6カ月未満	1
6カ月以上1年未満	15
1年以上2年未満	42
2年以上3年未満	35
3年以上	3
合計	96

出典）大阪地方職業紹介事務局編『管内労働事情』第1輯。

注）①泉南地方；②1927年12月末。

---

(21) 前掲『朝鮮人女工のうた』、81頁。

(22) 同上、55頁。

(23) 松下松次「近代紡績業と朝鮮人」『近代史研究』19号、大阪歴史学会近代史部会、1977年10月、12頁。

(24) 前掲『朝鮮人女工のうた』、55頁。

(25) 前掲「近代紡績業と朝鮮人」、12頁。

(26) 同上、12頁。

おわりに

　朝鮮人女工への検討によって明らかになった点は二点である。

　一つは、「安い労働力」の朝鮮人女工を使うことで、同社は、例えば、1924年には、年間1万8,308円の人件費を節約できていた。

　もう一つは、安定した労働力確保という点においても、朝鮮人女工の採用は、大きな利点があった。

　そうした点から、当時、朝鮮人女工の雇用は、経済的な側面から最も有効なシステムであったのである。さらにいえば、同制度は、いわゆる「市場」が創出した最も合理的な制度であったのである。

　だが、本章の最後として述べざるを得ないことは、その制度がいくら経済的な効果が高い市場の産物だとしても、それが倫理的かつ道徳的に許されてはいけないものであれば、それは放置してはならないということである。なぜなら、世の中は、ただ経済的な効果だけで論じてはならないからである。これが、本章の主張である。

第3章

なぜ在日コリアンが全国に存在するのか？

はじめに

　本章の目的は、在日コリアンの移動の原因を明らかにすることである。

　人口移動の研究は、社会科学の様々な分野において行なわれてきた[1]。そうした中、経済学にとっても、非常に重要な「なぜ人口移動が起きるのか」という課題は大きな注目を浴び、多くの関連研究が発表され、①「所得差論」、②「雇用機会論」、③「人的資本論」[2]、④「Place Utility 論」[3] が登場してきた[4]。にもかかわらず、関連部門には未だ多くの「空白」が残されており、そ

---

(1) Shaw, R. P., *Migration Theory and Fact, Regional Science Research Institute, 1975*、Lee, S. H., *Why People Intend to Move: Individual and Community-level Factors of Out-migration in the Philippines,* Westview, 1985、Golledge, R. G. and Stimson, R. J., *Analytical Behavioural Geography*, Croom Helm, 1987.
(2)「より高い生産力を発揮できる所」へ「人口」は移動する。
(3)「現住宅への不満やコミュニティなど」を要因として「人口」は移動する。
(4) 青木俊明ほか「人口移動研究の展開と今後の展望」『土木計画学研究』No.14、1997 年 9 月、岸本実『人口移動論』二宮書店、1978 年参照。

の一つが「なぜ在日コリアンは日本全国に広がっていったのか」というものである。すなわち、先行研究としては、管見のところ朴在一著『在日朝鮮人に関する総合調査研究』新紀元社、1957年しか見受けられないのである。しかし、同書も、在日コリアンの移動に関しては若干言及しているのみである。しかも、その言及は、戦後の在日コリアンの「東進傾向」ないし「分散化傾向」など[5]ではあるが、決して推定の域を出ないものである。

したがって、本章では、「なぜ在日コリアンは日本全国に広がっていったのか」、その理由および原因を追究することを課題とする。この課題をみたすため、本章では、定量分析を用いる。なぜなら、例えば、「推測」に立脚した朴在一の在日コリアンの移動に関する「見解」には、実証を加える必要があるためである。

本章の構成は次のとおりである。まず1では、太平洋戦争以前、即ち戦前の在日コリアンの移動について論じる。2では、その戦後、なぜ在日コリアンの移動が全国へと広がって活発化したのかについて検討する。最後に、本章での検討を踏まえ、議論を総括する。

1　戦前における在日コリアンの移動

日韓併合後、多くのコリアンが朝鮮から日本へ渡ってくるようになったが[6]（**表3-1参照**）、それは、朝鮮の「農村ではどんなに働いても食っていける状況ではなかった」[7]ことに加え、「結

---

(5) 朴在一『在日朝鮮人に関する総合調査研究』新紀元社、1957年、42頁。
(6) 河明生『韓人日本移民社会経済史：戦前編』明石書店、1997年、50頁。
(7) 李ヒパル「サハリンに取り残された四万三〇〇〇人の同胞」小熊英二ほか『在日一世の記憶』集英社、2008年、157頁。

- 48 -

第3章 なぜ在日コリアンが全国に存在するのか？

表3-1 在日朝鮮人の地域別人口分布の変遷

地域別	1920年(①)		1930年(②)		1940年(③)		1953年(④)		②-①	③-②	製造業付加価値額(35年、1000円)(⑤)	日本県別人口(55年)(⑥)	④/⑥	都市別人口(55年)(⑦)
北海道	3,462	8.5%	15,560	3.7%	43,360	3.5%	9,753	1.8%	12,098	27,800	136,947	4,773,087	0.2%	426,620
東北	717	1.8%	6,048	1.4%	17,633	1.4%	19,785	3.6%	5,331	11,585	154,500	7,980,793	0.2%	1,180,172
関東	572	1.4%	6,574	1.6%	22,658	1.8%	24,485	4.4%	6,002	16,084	546,554	12,612,346	0.2%	2,439,067
東京	3,267	8.0%	51,536	12.3%	124,419	10.0%	67,200	12.1%	48,269	72,883	853,468	8,037,084	0.8%	6,969,104
北陸	279	0.7%	10,859	2.6%	28,308	2.3%	16,221	2.9%	10,580	17,449	249,967	5,214,855	0.3%	834,840
中部	2,092	5.1%	66,312	15.8%	150,045	12.1%	72,358	13.0%	64,220	83,733	652,450	10,831,585	0.7%	2,412,292
京阪神	11,777	28.9%	166,188	39.7%	518,594	41.8%	213,661	38.4%	154,411	352,406	1,273,759	10,174,416	2.1%	4,730,705
中国	5,005	12.3%	37,001	8.8%	146,592	11.8%	66,240	11.9%	31,996	109,591	322,192	6,992,008	0.9%	1,212,650
四国	370	0.9%	4,805	1.1%	14,226	1.1%	6,824	1.2%	4,435	9,421	187,052	4,245,243	0.2%	709,834
九州	13,195	32.4%	54,106	12.9%	174,466	14.1%	59,553	10.7%	40,911	120,360	820,592	18,414,112	0.3%	1,834,512
計	40,736	100.0%	418,989	100.0%	1,240,301	100.0%	556,080	100.0%	378,253	821,312	5,197,479	89,275,529	0.6%	22,749,796

出典）朴在一『在日朝鮮人に関する総合調査研究』新紀元社、1957年、41頁等。

注）製造業粗付加価値額は全国平均価格表示。

婚した一人前の男にも（朝鮮には）働き場所がなく、日本へ出稼にいくしかなかった」[8] ことが原因であった。

そのうえ、表3-1 にみられるように、1920 年においては、朝鮮から距離的に一番近い九州が「渡来朝鮮人の集積場」となり、次に、また「全羅南道及済州島からの渡来者にとって最初の上陸地である京阪神地帯が之に続」くこととなった [9]。

ところが、「1930 年にはそれが圧倒的に京阪神地区と次に中部地区に移っていく」。すなわち、そののち、「朝鮮人は下関に上陸すると約束でもしたようにひとしく阪神地方にやってくる」[10] 中で、「在日朝鮮人の 4 割近くが京阪神地区に集中」、「京阪神地区以西、即ち中国地区、四国地区、九州地区を合わせると、在日朝鮮人総数の 62.2% に当り、このうえ更に中部地区を入れると 75.2% になる。それ故に残りの 25% 弱が関東及東北地区と北海道に散在している事にな」ったのである [11]。

「その原因は京阪神地帯が朝鮮に近い最大の商工業の中心地である事ばかりでなく、朝鮮人労働者に対する最大の需要地であったからに外ならない」[12]。

---

(8) 金君子「強制立退の不安のなか、ウトロで生きる」前掲『在日一世の記憶』、447 頁。
(9) 前掲『在日朝鮮人に関する総合調査研究』、42 ～ 43 頁、前掲『在日一世の記憶』、584 頁。
(10) 前掲『在日朝鮮人に関する総合調査研究』、42 頁、前掲『韓人日本移民社会経済史：戦前編』、49 頁。「釜山から下関に渡ると、一家はすぐに大阪に向かった。エゴの父は飛行機工場で働き出した」（「ある在日朝鮮人の生活史」原尻英樹『在日朝鮮人の生活世界』弘文社、1988 年、199 頁）。
(11) 前掲『在日朝鮮人に関する総合調査研究』、41、42 頁。
(12) 同上、41 頁。大阪府・兵庫県を中心に広がる工業地帯であった阪神工業地帯は、京浜工業地帯、中京工業地帯と比較した場合、事業所数で見た規模は最も大きく、製造品出荷額で見た規模でも第二位である。

詳述すると、同地帯は、「大企業と中小零細企業との分業体制や下請制度という二重構造が比較的早い時期に形成されたことから、他の工業都市よりも中小零細企業の比重が高いといわれている。注視すべきは、これら中小零細企業が、低賃金労働力を求めて不良住宅地域近隣に進出したという事実である」[13]。このような状況下において、同地帯の中小零細企業が「要請」したのが新たな低賃金労働者である「朝鮮人労働者」であった[14]（**表 3-2 参照**）。したがって、「韓人日本移民の要因は、日本経済の二重構造を基底とした中小零細企業の増加にともなう低賃金労働力需要の創出であったと考える」ということである[15]。

そのうえ、数多くの在日コリアンは、「求職などの経済的機会を求めて大阪に移民し」、その結果、「在阪韓人人口は時代が下がるにつれ増加していく」が[16]、そうした在日コリアンの移動には、「地縁などに基づく『個人紹介』」が大きく作用していた[17]（**表 3-3**

表3-2　在日朝鮮人の職業
（1936年12月末現在）

有識的職業		1,493
商業		42,486
農業		4,333
漁業		479
労働者	鉱業	12,421
	工業	84,006
	土木建築業	89,648
	その他	116,378
	計	302,453
無職		248,683
その他		90,574
合計		690,501

出典）樋口雄一『日本の朝鮮・韓国人』同成社、2002年、91頁。

---

(13) 同上、47、77頁。
(14) 同上、46頁。
(15) 同上、46、48頁。
(16) 同上、49〜50頁。
(17) 同上、68頁。
❶「この年の春すぎに、私は耳原町の誰かの紹介だったのだろう、堺市西部の海岸地帯の工場地区にあった「大浜ガラス製造所」という会社に、見習い職工として

表3-3　京阪神における韓人移民労働者の就労経路（単位：%）

	紹介 （友人・知人 ・家族）	自己申込	職業紹介所	その他	合計 （人）
神戸市	64.7	21.8	1.4	12.1	1,684
大阪市	59.6	30.3	10	0.2	9,100
京都市	60.0	25.7	8.9	5.8	8,084

出典）河明生『韓人日本移民社会経済史：戦前編』明石書店、1997年、66頁。

参照）。例えば、「全羅南道出身者などは、同郷の知人を通じて就労するという不文律があ」ったのである[18]。

　日韓併合後のコリアンの日本への移動を要約するならば、朝鮮経済の破綻によって、多数のコリアンが渡日し、初めは「九州」に集中、さらに、その後コリアンの集中地は「京阪神地区」となっていったと言える。そして、そのような「九州」→「京阪神地区」というコリアンの移動には、京阪神地区の「二重構造」ならびに「個人紹介」が大きく作用したと考えられるのである。

　では次に、以上のことを定量分析を用いて証明しよう。定量分析結果は表3-4のとおりであるが、同表によると、「1930年の在日コリアン数と1920年のそれの差（「②－①」）」と「1930年の在日コリアン数（「①」）」の、「R^2」と「係数」はそれぞれ「0.393、

　　働くことになった」（朴憲行『在日韓国人一世』新幹社、1995年、33頁、傍点は筆者による、以下同じ）。

❷一九二〇年代後期には、同胞がやっていたゴム工場とか錠前工場とかの金属加工工場があちこちにありましたからね（洪呂杓「朝鮮市場からコリアタウンへ」前掲『在日一世の記憶』、584頁）。

❸「わたしは…［中略］…ねじを加工する同胞の工場で働きました」（同上、584頁）。

(18) 前掲『韓人日本移民社会経済史：戦前編』、67頁。

表3-4 定量分析結果（SPSS；OLS）

従属変数	独立変数	R2	係数	t値
②-①	①	0.393**	0.678**	2.611
③-②	②	0.941***	0.974***	12.051
②	⑤	0.745***	0.879***	5.218
③	⑤	0.687***	0.850***	4.560
④	⑦	0.982***	0.111*	2.118
	③		0.930***	17.678

注）①R2＝調整済みR2乗；②係数＝標準化係数；③***＝1%有意、**＝5%有意、*＝10%有意。

5%有意」と「＋、5%有意」であるのに対し、「③－②」と②の二者（＝「R2」と「係数」）はおのおの、「0.941、1%有意」と「＋、1%有意」である。言い換えれば、「②－①」と①の「R2」が0.6未満であることなどから、「②－①」と①よりも「③－②」と②の方がその相関関係が強まったといえる。換言するならば、時間の経過とともに、「京阪神地区」などの工業地帯へのコリアンの移動には、「個人紹介」のようなコリアン共同体の「手伝い」が最も重要な要素として作用していたのである。

さらに、「②」と「⑤」との「R2」と「係数」はおのおの、「0.745、1%有意」と「＋、1%有意」、また、「②」と「⑤」との二者はそれぞれ、「0.687、1%有意」と「＋、1%有意」である。このことは、まさにコリアンが「製造業」への「雇用機会」を求めつつ移動していたことを示唆する。

つまり、在日コリアンの「九州」から「京阪神地区」への動きは、彼らが「同胞」の「個人紹介」に頼りながら、製造業への就業機会を求めていたからこそ生じた現象だったのである。

- 53 -

2 戦後における在日コリアンの移動

　さて、2では、戦後の在日コリアンの移動に関して述べよう。

　戦後、在日コリアンはさらに全国へと広がっていく。その理由を把握するためには、まず戦後における在日コリアンの職種の変化に目を向ける必要がある。

　戦後、在日コリアンは、「その（コリアン―引用者）ほとんどは下層の労働者であったこともあり、職業構成上、もともと製造業を営む人びとは少な」く、「日本人のように生産手段―たとえば農地など―を所有していな」かったことに加えて[19]、「アメリカ空軍の戦略爆撃により、工業地帯は灰塵に帰したため、」労働者として働く場所もなくなっており[20]、さらに、軍人の復員と日本人の引き上げによる産業人口の過剰現象によって、「終戦と共に日本内の総ての職場から朝鮮人が徹底的に追放され」[21]ることとなった（表3-5参照）。

　このように働き場を失ってしまった在日コリアンの中には、表3-5からも明らかなように、「鉱業・工業」から「商業」へと流れていくものがあらわれた[22]。その「商業」とは、具体的には、「屑鉄・古物集荷、パチンコ屋、飲食店」のような「日本人が職業と

---

(19) 金賛汀『在日コリアン百年史』三五館、1997年、152、194頁。
(20) 倉田和四生「人口移動論」『社会学部紀要』第65号、1992年3月、22頁、同上、194頁。
(21) 前掲『在日朝鮮人に関する総合調査研究』、64～65頁。
(22) 同上、71頁。国籍が異なれば、企業、特に大企業への就職が困難になるため、そこで個人でできる仕事をして生計を立てるようになったということが、指摘されている（前掲『在日朝鮮人の生活世界』、121頁）。

表3-5 在日朝鮮人戦前と戦後の職業分布比較

職業別	戦前 ①	戦後 ②	②-①
鉱　，　工　，　土　建　設	66.5%	18.9%	−47.6%
農　，　水　，　運　，　自　由　業	15.1%	10.2%	−4.9%
商　　　　　　　　　　　　　業	14.9%	18.5%	3.6%
日雇，その他職業，家事使用人，失業者	3.5%	52.4%	48.9%
計	100.0%	100.0%	0.0%

出典）朴在一『在日朝鮮人に関する総合調査研究』新紀元社、1957年、70頁。
注）①戦前＝1940年；②戦後＝1952年。

して選ばない分野」であった[23]。

　そうした中、朴在一の指摘の如く、在日コリアンの「東進傾向」および「分散化傾向」[24]が際立つようになる。

　敷衍すると、まず、「1920年より1953年に至る間に人口分布割合が継続して増加している…［中略］…東北、関東、北陸地区」を中心に、「戦後の今日における分布は東進傾向を更に強めてい」ったのである[25]。

　一方、表3-1の「④／⑥」から判明するように、「人口分布における内部滲透傾向においてより重要な分散化傾向」も現れていた。「人口総数が割合に近似している1930年度と1953年度の分布状態を比較して見た場合、30年に比して53年において分布比率が増加しているのは東北、関東、北陸、中国、四国の地区であり、逆に減少しているのは東京、中部、京阪神、九州の地区である。

(23) 前掲『在日コリアン百年史』、194頁。
(24) 前掲『在日朝鮮人に関する総合調査研究』、42頁。
(25) 同上、42～43頁。

前者は在日朝鮮人の集中してなかった地区であり後者はそれの集中地帯である。従って 30 年度と 53 年度の両年における分布比率の変化が語るものは集中地帯から非集中地帯への分散化傾向に他ならな」かったのである[26]。

　そして、そうした「在日」の動向が顕著となったのは、在日コリアンが、戦後「個人的に仕事（商業─引用者）をして生計を立てる」ためには、「小企業者的存在として、一定地域における一定量の日本人人口数に対して一定量の朝鮮人の存在又は生業が可能なため」だったと推測される[27]。同時に、彼らの移動は、「経済活動の三要素、資本、労働、組織のいずれも都市に偏在しているから、経済活動のチャンスが多い」[28]「都市部」に集中していたとみられる。

　以上を総括すると、戦後、「東進傾向」および「分散化傾向」という在日コリアンの移動の特徴が見受けられるようになるが、これは、産業人口の過剰現象などによって、「商業」を職にせざるを得なかった在日コリアンが、同業の「同胞」との競争を避けようと、かつての「在日」の「集中地帯」から「非集中地帯」へ移って行ったことによるものであったと言える。

　では、以上の「総括」を定量分析の結果および「在日」焼き肉店設立の動きを見ることによって立証しよう。

---

(26) 同上、42 〜 43 頁。
(27) 同上、43 頁。
(28) 前掲「人口移動論」、14 頁。

表3-4によれば、「1953年の在日地域別人口分布」(「④」)と【「⑦」および「③」】の「R2」と「係数」は、「0.982、1%有意」と「＋、10%有意」である。これらの「結果」が示すのは、戦後における「在日」の移動が、まず「都市部」を中心に行われていたことである。そして、後者の結果は、かつての「集中地帯」に「同胞がたくさん来て、そのまま残った」[29]ことに加え、在日が戦前と同様に戦後も「同胞」を頼りにして移動していたことを意味する。「結婚してもその地（大阪—引用者）に長くいたが、パチンコ屋をしないかとの話が夫の姉からあり、島根県の現在住んでいる町でパチンコ屋を開業した」[30]というのは、まさにそうした動きの一例であっただろう。

　引き続き、表3-6（＝「在日」焼肉店の地方別設立期間）および図3-1（＝「在日」焼き肉店設立の動き）を見ることによって、「分散化傾向」といった朴在一の在日コリアンの移動に対する「見方」をより補強しよう。

　表3-6と図3-1から見て取れるように、「在日」焼肉店は、戦後、戦前在日が多く「住居」していた「東京」・「京阪神」および「中部」、さらに、「最初の上陸地」であった「九州」から、日本全国へ「拡散」していった。まさにこれは、「在日」が「小企業者的存在として、一定地域における一定量の日本人人口数に対して一定量の朝鮮人の存在又は生業が可能なため」、広がっていったという朴氏の主張を裏付けている。

---

(29) 前掲『在日一世の記憶』、584頁。
(30) 前掲『在日朝鮮人の生活世界』、201頁。

表3-6 「在日」焼肉店の地方別設立期間
焼肉店

	～45年	46～50年	51～55年	56～60年	61～65年	66～70年	71～75年	76～80年	81～85年	86～90年	91～95年	96年～	計
北海道	1	0	0	6	5	4	9	11	7	11	7	0	61
東北	0	0	0	0	1	2	2	0	5	3	4	0	17
関東	0	0	1	3	6	8	9	14	10	15	4	2	75
東京都	0	3	3	5	6	16	12	15	11	12	3	2	88
北陸	0	0	0	1	1	3	2	4	2	3	2	1	19
中部	0	0	1	5	7	15	10	21	14	12	7	1	95
京阪神	0	0	4	6	8	12	21	10	7	9	2	2	84
中国	0	0	4	1	8	8	7	11	6	6	6	0	57
四国	0	0	0	3	1	4	1	2	2	5	0	1	19
九州		0	0	1	8	7	6	6	7	3	4	1	43
沖縄県	0	0	0	0	0	1	1	0	2	2	0	0	6

出典）在日韓国人会社名鑑編集委員会編『1997年版在日韓国人会社名鑑』在日韓国商工会議所、1997年。

図3-1 「在日」焼き肉店設立の動き

- 58 -

おわりに

では、以上をまとめてみよう。

日韓併合後、朝鮮経済の破綻によってコリアンは生活に窮していたため、多くのコリアンが渡日するようになった。初めは、彼らは「九州」に集中していたが、その後、彼らの集中地は「京阪神地区」となっていく。そうした「九州」→「京阪神地区」という彼らの動きの最大の要因は、定量分析の結果によれば、いわゆる京阪神地区の「二重構造」と「個人紹介」であったと思われる。

しかし、戦後になると、彼らは「東進傾向」および「分散化傾向」に加え、全国に広がっていく動きを見せることとなる。だが、定量分析の結果および「在日」焼き肉店設立の動きを考察するならば、これは、戦後における産業人口の過剰現象などによって、「商業」を職にせざるを得なかった「在日」が、同業の「同胞」との競争を回避しようと、「集中地帯」から「非集中地帯」へと移って行く中で出現した現象であった。

以上が本章の検証によって明らかになった点であるが、「就業」という経済的な要素を主に取り扱った一例にすぎない。それゆえ、「就学のチャンス」、「結婚」[31] などの非経済的な要因による在日コリアンの移動などについても分析を行う必要があるが、これについては今後の課題としたい。

---

(31) 前掲「人口移動論」、13、14 頁、前掲『在日コリアン百年史』、229 頁。

第4章

「在日企業」の日本経済への貢献：
㈱草家を事例に

はじめに

表4-1　㈱草家の輸出額（単位：1000ドル）

年	マッコリの輸出額 （=①）	草家㈱の輸出額 （=②）	①/②
2007	2,905	400	14%
2008	4,425	580	13%
2009	6,277	500	8%
2010	19,095	1,000	5%
2011	52,735	1,110	2%
2012	36,900	1,280	3%

出典）『食品外食経済』（ハングル）、2013年3月；『韓国農漁民新聞』（ハングル）、2013年4月18日；㈱草家「y2007」；同「y2008」；同「y2009」；同「y2010」；同「y2011」；李昌浩代表からの聞き取り（2013年6月22日）。

　本章の課題は、「在日企業」の日本経済への貢献度を観察することによって、近年強まる在日企業への「偏見」を払拭することである。

「在特会」（＝「在日特権を許さない市民の会」）などは、東京・新大久保のコリアンタウンなどで、「良い朝鮮人も悪い朝鮮人も殺せ」という過激なスローガンを掲げ、在日コリアンに付与された特別永住資格の剥奪と、同制度の廃止を訴えるなどの「不逞鮮人追放キャンペーン」を未だ繰り返している[1]。このような状況の下、日本での在日韓国・朝鮮人または「在日企業」[2] に対する「偏見」や「反感」は増しているようにもみえる [3]。

したがって、本章においては、これまで注目されてこなかった[4]、日本経済に対する在日企業の「寄与度」を検証し、在日企業に対する否定的なイメージの修正を試みる。

本章では、具体的に、その「在日同胞」ひいては在日企業の日本経済への「寄与」を、マッコリ（막걸리）の生産・販売を行っている在日企業である株式会社草家（以下、草家と呼称）を通じて検証する。本章が同社を選んだ理由は、表4-1 の如く、韓国から日本へのマッコリ輸出が活性化しているなかで [5]、その一翼を同社が担っているためである。

言い換えるならば、日本向けマッコリ輸出の増大からもうかがえるように、韓日間における「相互依存」的な経済関係が強まっていくなか、日本においてそのマッコリ産業の一軸を形成していると言える在日企業、すなわち草家に関する分析を行うことによって、日本経済における在日企業の貢献を確証することが本章の目的である。

（1）『ソウル聯合ニュース』2013 年 2 月 11 日、同年 4 月 24 日。
（2）在日韓国・朝鮮人の経営している企業もしくは店舗を指す。
（3）『中日新聞』2013 年 3 月 30 日、『民団新聞』2013 年 3 月 27 日を参照されたい。
（4）在日企業の日本経済への「貢献」などに関する先行研究は全く存在しない。
（5）『韓国農漁民新聞』（ハングル）、2013 年 4 月 18 日。一例を挙げると、2012 年において、マッコリ輸出額における日本向けの比率は約 93％ であった。

本章の構成について触れると、1で草家を概観したのち、2では同社の経営状況を確かめる。続く「**おわりに**」では、本章で確認できた点ならびにその意義をまとめる。

1　㈱草家について

表4-2　㈱草家における設備・輸出国・原料産地

設備	スウェーデン製（80%）、日本製（10%）、韓国製（10%）
原料産地	米（韓国産）、小麦麹（韓国産）、小麦（米国産）、秋ウコン（沖縄産）、マカ（南米ペルー産）
輸出国	日本（80.0%）、中国（10.0%）、台湾（6.0%）、シンガポール・マレーシア（3.9%）、韓国（0.1%）

出典）
①「設備」：李昌浩代表からの聞き取り（2012年9月13日、同年12月30日）。
②「輸出国」：㈱草家「出荷用顧客住所録」；同「出荷指示書（名鉄運輸）」；同「出荷指示書（近物レックス）」；同「引き取り書」；同「k22103」〜同「k221230」。
③「原料産地」：http://www.choga.co.jp/sub06.html（2013年7月3日アクセス）。

　草家の前身である農酒 Japan 株式会社は 1974 年に日本で設立された。設立者は、現在の草家代表である李昌鎬（イ・チャンホ、이창호）[6]、である。実は、マッコリを日本に初めて紹介したのも氏である[7]。

　設立直後、彼は、「有難い友の、日本または韓国の銀行からいただいた」[8] 事業資金を「元手」に、まずは韓国江原道鉄原に「自動化設備」を導入した生産工場を設けた。同工場の製造機械は、**表 4-2** から明らかなように、スウェーデン製 80%、日本製 10%（傍

（6）『韓国農漁民新聞』（ハングル）、2010 年 2 月 25 日、http://www.choga.co.jp/（2013 年 7 月 26 日アクセス）。
（7）李昌浩代表からの聞き取り（2012 年 12 月 30 日）。
（8）李昌浩代表からの聞き取り（2013 年 4 月 11 日）。

図4-1 草家マッコリ

チョガ・マッコリのラインアップ（左からマカ・マッコリ、チョガ・マッコリ、秋ウコンマッコリ）

出典）http://www.choga.co.jp/sub01_02.html（2017年1月1日アクセス）。

点は筆者による、以下同じ）、韓国製10％により構成されていた。そして、同工場の運営・生産は、李昌鎬代表の弟、李昌奎（イ・チャンギュ、이창규）管理理事が全面的に担当することとなった。

　同工場では、DMZ（非武装地帯）で無公害有機農法によって栽培した「ブランド米」、すなわち「鉄原五台米」[9]を「炊かずに、栄養素が破壊されていない生米を研ぎ、そのままアルコール発酵を促進させる生米発酵法」によって[10]、草家マッコリ（300ml、초가막걸리）ならびに米マッコリ（980ml）などが造られるよう

---

(9) 草家「原料産地証明書」；http://www.choga.co.jp/sub06.html（2013年6月25日アクセス）；http://japanese.visitkorea.or.kr/jpn/FO/FO_JA_3_1_6_3.jsp（2013年7月19日アクセス）。
(10) http://danmee.chosun.com/site/data/html_dir/2011/12/29/2011122902232.html（2013年7月7日アクセス）。

になった[11]。現在は、表4-2のように、韓国産の小麦麹、米国産小麦、**沖縄産秋ウコン**、南米ペルー産のマカなどを用いて秋ウコンマッコリ、黒豆マッコリ、マカマッコリなども生産している（**図4-1参照**）。

だが、最初は、同社の営業・販売は順調にいかなかった。当時は既に日本の酒類市場は「日本酒、ウイスキー、ワインなどで飽和状態であったために」マッコリの日本進出はなかなかうまくいかなかったのである[12]。

それゆえ、同社は、❶「収益を見込むより（対日輸出による―引用者）消費者の健康と環境を思いやる」という同社の企業理念の下、生産単価を引き下げるためプラスチックパックを使用する「競争業者」とは異なり、瓶ないしは紙パックを容器として採用した[13]。また、❷「一度も値下げを行わない高級化戦略」を展開したり[14]、❸「イギリスのワイン教育機関であるWSET（Wine & Spirit Education Trust―引用者）に3年間留学したのち、国際ワイン・ソムリエ（wine Sommelier）の資格証を2つも取得したアン・スンベ（안승배）氏を研究室長として迎え入れ」[15]たりした。そして、❹「韓国的なデザインにこだわった瓶の容器」を使い続ける[16]などの、いわゆる「差別化」を推進していった。

---

(11) 『韓国農漁民新聞』（ハングル）、2010年2月25日；http://www.choga.co.jp/ http://www.choga.co.jp/（2013年7月26日アクセス）。

(12) 同上。

(13) http://www.choga.co.jp/sub06.html（2013年6月25日アクセス）。

(14) 李昌浩代表からの聞き取り（2013年5月11日）。「日本で、草家マッコリは1本当り最高850円で販売されているが、これは他社のものと比べ2倍近く高い値段」である。

(15) 同上。

(16) http://japanese.visitkorea.or.kr/jpn/FO/FO_JA_3_1_6_3.jsp（2013年7月19日アクセス）。

表4-3　㈱草家における「沿革」

年	沿革内容
1990	業界初となる純米マッコリ『ソソン酒』を発売 韓国商工部(通産省)が選ぶ『92優秀包蔵』を受賞
1992	韓国国税庁長賞受賞　韓国KOEXで開催された『WINE KOREA』に出品し好評を博す
1993	韓国万国博覧会『大田EXPO93』の公認酒として選ばれる 日本第18回国際飲料・食品展『FOODEX JAPAN 93』に出品 米国Chicago国際食品SHOW(FMI)に出品 米国NEWYORK KARGO食品SHOWに出品
1994	Spain Barcelona国際飲料食品展に出品し、受賞
1999	日本第24回国際飲料・食品展『FOODEX JAPAN 99』日本国内ブース出品
2000	日本第25回国際飲料・食品展『FOODEX JAPAN 2000』日本国内ブース出品
2001	300ml瓶詰め『草家(CHOGA)新発売 日本第26回国際飲料・食品展『FOODEX JAPAN 2001』日本国内ブース出品
2002	『スーパーマーケットショウ』、『FOODEX JAPAN 2002』日本国内ブース出品
2003	『HOTERES & FOODEX KANSAI 2003』出品 『FOODEX JAPAN 2003』日本国内ブース出品
2004	『2004 西日本国際食品見本市』出品 『JAPAN FOOD 2004』出品 『FOODEX JAPAN 2004』日本国内ブース出品
2005	合資会社農酒ジャパンから合資会社草家へ社号変更 『FOODEX JAPAN 2004』日本国内ブース出品
2006	『スーパーマーケットショウ』、『FOODEX JAPAN 2006』日本国内ブース出品
2007	『スーパーマーケットショウ』、『FOODEX JAPAN 2007』日本国内ブース出品 合資会社草家から株式会社草家へ社号変更
2008	『スーパーマーケットショウ』、『FOODEX JAPAN 2007』日本国内ブース出品
2010	韓国農林水産食品部主催の「プレミアム・マッコリ2010年」で江原道の名品酒として選定

出典) http://www.choga.co.jp/sub01_02.html (2013年7月20日アクセス)；
http://japanese.visitkorea.or.kr/jpn/FO/FO_JA_3_1_6_3.jsp (2013年7月19日アクセス)。

　こうした「差別化」の成果として、同社は、表4-3にあるよう
に、のちの1999年における東京FOODEX JAPANなど日本、中国、
東南アジアなどにおける食品博覧会に草家マッコリを出品・広報
していくなかで、韓国農林水産食品部主催の「プレミアム・マッ
コリ2010年」で江原道の名品酒として選定される[17]など、同
社製品の認知度を高めていくことができた[18]。

---

(17)　同上。
(18)　『韓国農漁民新聞』(ハングル)、2010年2月25日；http://www.choga.co.jp/
　　 http://www.choga.co.jp/ (2013年7月26日アクセス)。

このような経営努力により、表4-1に見られるように、同社の事業は徐々に軌道に乗っていった。とりわけ2003年より始まった「韓流ブーム」もこうした売上増の追い風となった[19]。

草家の最大輸出国は、表4-2を見れば分かるように、日本（80%）である。そのほかに、中国（10.0%）、台湾（6.0%）、シンガポール・マレーシア（3.9%）などにも輸出を行っている。

そして、同社の近況は以下の通りである。

草家は[20]、最近1年半もの期間をかけ「白花美人」という新しいマッコリを開発、販売を開始した。「他社には決してマネのできない技術力」で開発された、このマッコリの最大の特徴はそのアルコール度数が18度であることである。そうするためには、「水を追加したりせず、他のマッコリに比べ完成する時間が4〜5倍もかかる長期低温熟成」が必要とされるという[21]。

加えて、同社は、近年、中国、シンガポール、東南アジアなどでもマッコリ需要が高まっていることもあり、今年（2013年）はマッコリ45万ボトルと25万パックを生産することを目標としている。しばらくの間、同社は順調に成長していくと言える[22]。

では、次に在日企業の日本経済への「功績」という本章の課題に立脚しつつ、以上の内容をまとめてみるならば、以下の通りである。

---

(19) 李昌浩代表からの聞き取り（2012年12月30日）。
(20) http://danmee.chosun.com/site/data/html_dir/2011/12/29/201112290223
　　2.html（2013年7月7日アクセス）。
(21) 李昌浩代表からの聞き取り（2013年7月15日）。
(22) 同上。

第一. 設備面から見れば、「日本製（10%）」の設備が採用されている。

第二. 材料（＝原料）として、「沖縄産秋ウコン」が使用されている。

以上によれば、「在日企業」の一社である同社は、設備面および材料面から日本経済へ貢献しているといえよう。

2 ㈱草家の経営状況

2では、「在日企業」・草家における経営状況を見ることによって、在日企業の日本経済に対する「有益性」を明らかにする。これを、同社の「価格体系」→卸価→原価→「利益金処分」の順で[23]確認してみよう。

表4-4によれば、三越、ジャスコ、ライフ、安楽亭、イトーヨーカドーなどの「主要取引先」[24]における「価格体系」は、「卸価」（75%）、「利益」（25%）により構成されている。

そのうち、「卸価」の内訳は、「原価」（67%）、「酒税」（21%）、「関税」（6%）、「釜山から東京港までの運賃」（4%）、「通関手数料」（2%）である。ここで、「釜山から東京港までの運賃」に関して、同社の製品は日本の運送会社（50%）と韓国のそれ（50%）によって日本

---

(23) 同社の利益金などのデータは「企業機密」であるため、本章では明かせない。予めお断りしておきたい。

(24) http://www.choga.co.jp/sub01_03.html（2013年7月22日アクセス）。

表4-4 ㈱草家における「価格体系」・卸価・原価・「利益金処分」

	単位	比率
「価格体系」	1本（300ml）	卸価（75％）、利益（25％）
卸価	〃	原価（67％）、酒税（21％）、関税（6％）、釜山から東京港までの運賃（4％）、通関手数料（2％）
原価	〃	瓶・栓・ラベル・ボックス代等（59％）、原料価格（31％）、釜山までの運賃（10％）
「利益金処分」		税金（5％）、賃貸料および文具代等の雑費（3％）、「韓国人社員の給料」（10％）、「日本人社員の給料」（9％）、利子支払い（25％）、「再投資」（38％）、預金（10％）

出典）
①「価格体系」：㈱草家「価格体系表大型酒店」；同「価格体系表酒屋」；同「飲食店直販小売価格」；同「問屋　価格体系」。
②「卸価」：㈱草家「卸値から韓国FOB価格およびC&F価格計算」。
③「原価」：㈱草家「choga price」；同「商品原価表」。
④「利益金処分」：李昌浩代表からの聞き取り（2013年2月8日；同年4月11日；同年5月11日）。

注）①四捨五入、②「価格体系」は小売価における内訳、③原価は利益金を除く、④同社の取引銀行は日系55％、韓国系45％。

へ運ばれてくる[25]。

　続いて、「原価」には、「瓶・栓・ラベル・ボックス代等」（59％）、「原料価格」（31％）、「釜山までの運賃」（10％）が含まれている。

　次いで、同社の「利益金処分」については、日本に支払う「税金」（5％）、日本支社における「賃貸料」および「ほぼ100％日本製の」[26]「文具代等の雑費」（3％）、韓国本社における「韓国人社員の給料」（10％）、日本支社における「日本人社員の給料」（9％）、同社の取引銀行、詳細にみていくと、日本の銀行（55％）[27]と韓国の銀行（45％）[28]への「利子支払い」（25％）、「再投資」（8％）、「主に日本の銀行」[29]への「預金」（10％）である。

（25）「日本の運送会社の運賃と韓国のそれはほぼかわらない」（李昌浩代表からの聞き取り（2013年7月15日））。
（26）同上。
（27）「企業機密」であるため、行名は明かさない。
（28）「企業機密」であるため、行名は明かさない。
（29）李昌浩代表からの聞き取り（2013年7月15日）。

では、以上の内容を、在日企業における日本経済への「寄与」という本章における課題に基づいて再整理しよう。その「寄与」とは以下の如く集約できる。

　第一に、「主要取引先」の「価格体系」面における「利益」（25%）。
　第二に、「卸価」面における「釜山から東京港までの運賃」（4%）の半分。すなわち、その運賃の50%が日本の運送会社に流れている。
　第三に、「利益金処分」面での、日本への「税金」（5%）、日本支社における「賃貸料」および「ほぼ100%日本製の」「文具代等の雑費」（3%）、日本支社における「日本人社員の給料」（9%）、日本の銀行への「利子支払い」（25%）、「主に日本の銀行」への「預金」（10%）である。

　要は、草家は以上のようなさまざまな「利」を日本経済にもたらしているのである。

おわりに

　本章における「在日企業」草家への検討によって、在日企業は、韓国経済のみならず、日本経済にも貢献していることが確認できた。繰り返しになるが、その「貢献」と呼べるものは、以下のとおりである。

❶ 設備面における「日本製」設備。

❷ 材料面における「沖縄産秋ウコン」。

❸「取引先」の「価格体系」面における「利益」。

❹「卸価」面における「釜山から東京港までの運賃」の半分（50%）。

❺「利益金処分」面における
　　①「税金」、②「雑費」、
　　③「日本人社員の給料」、④「利子支払い」、⑤「預金」。

　草家を通じて、日本経済において在日企業が上記のような貢献をしていることが確認できた。いうまでもなく、他の在日企業の場合も、草家と同様に、日本経済に対し利益をもたらしていると予想される。草家と同じく、在日企業は日本企業との取引のなかで、結果的に日本経済に貢献していると思われるのである。言い換えれば、冒頭であげたような「在特会」などの偏見とは異なり、在日企業は日本経済に対し肯定的な役割を果たしているのである(30)。

────────────

(30) 中国の例をあげたい。近年、日本政府による尖閣列島の国有化に端を発し、中国では日本製品への不買運動の動きがみられるようになった。しかし、そのような日本製品へのボイコットは、中国経済に対してもマイナスとして作用していると考えられる。たとえば、そうしたボイコットの影響を受け売上げが相当落ちているとみられるのが四川一汽豊田自動車有限公司である。同社の現地調達率は、「コースター75%、プラド25%程度」(根元敏則編『自動車部品調達システムの中国・ASEAN展開』㈱中央経済社、2010年、108頁)にも達しているが、その「現地調達率」と密接な関係を持つ、現地における中国人経営者ならびに中国人従業員は、ボイコット運動によって打撃を受けている可能性が高い。つまり、政治的な性格の強い排斥運動もしくは不買運動などは、周知のとおり、グローバリゼーションが進んでいる現在においては、経済的な視点からすれば、自国経済への悪影響として跳ね返ってくるという、結果を招きかねないのである。

第5章

「在日企業」は「悪」ではない：
安楽亭を事例に

はじめに

　本章の課題は、在日コリアン企業の安楽亭株式会社を考察することにより、在日コリアン企業が、日本人が経営する企業と同様に日本経済に貢献してきたことを指摘すると共に、在日コリアンの生活史を浮き彫りにすることである。

　いうまでもなく、日本には、在日コリアンが立ち上げた多くの企業（以下、在日企業）がある。ところが、在日コリアン企業は、日本社会から排除や収奪の対象として受動的な対象として描かれてきた側面が強い[1]。

---

[1] 山田正昭ほか『歴史の中の「在日」』藤原書店、2005年、270頁。「右翼は、孫正義氏を今でも批判してますからね。ソフトバンクの代理店の前でデモをするんですね。何か問題があるのではなく、ただ『朝鮮人出ていけ！』ですからね。あれだけ、日本社会に貢献しているのに。」（朴正義『大久保コリアンタウンの人たち』国書刊行会、207頁、傍点は引用者による）。

したがって、本章では、在日企業の安楽亭を事例として、在日企業が日本経済に能動的に関与してきたことを証明したい。言い換えるならば、在日企業も「韓国の国益のために動いている」[2]のではなく、日本企業と同様に、日本経済に貢献していることを明らかにしたいのである。要するに、在日企業に対する否定的なイメージを払拭することが、本章の第一の課題である。

　また、本章の第二の課題は、在日コリアンの生活史を鮮明に描くことである[3]。

　周知のとおり、在日コリアンは長期にわたり、日本の「労働市場」において、差別的な地位[4]に置かれてきた。それにもかかわらず、在日コリアンは、マイノリテイ・グループが差別されがちな日本社会で著しい成功を収めてきた[5]。つまり、このような不利な環境における在日コリアンの健闘を考察するのが第二の課題であるのである。

　本章では、在日企業の安楽亭株式会社（以下、安楽亭）に焦点をあてる。なぜならば、同社が、多くの在日コリアンが従事している[6]飲食企業の中でも、もっとも代表的な企業—焼肉—であるからである[7]。

---

(2) 安田浩一『ネットと愛国　在特会の「闇」を追いかけて』講談社、2012年、189頁。
(3) 韓載香『在日企業の産業経済史：その社会的基盤とダイナミズム』名古屋大学出版会、2010年を参考にされたい。
(4) 前掲『ネットと愛国 在特会の「闇」を追いかけて』、188頁。「（朝鮮人は—引用者）キムチ臭い」。
(5) D. B. and Murphy-Shigematsu, S. (Eds.) *Being Others in Japan*. Routledge, 2007.
(6) 前掲『在日企業の産業経済史：その社会的基盤とダイナミズム』を参考にされたい。
(7) 2012年の飲食系企業100社【2012年】には、同社が含まれている（http://matome.naver.jp/odai/2133896164731497801?&page=3、2015年2月14日アクセス）。

本章の構成は次のとおりである。1 では、安楽亭を概観する。2
では、同社の資本面について述べる。3 では、同社の人的側面に
触れてから、4 では、同社の合理化へ目を向ける。5 においては、
BSE 事件発生後の同社について記す。「おわりに」では、本章での
検討を踏まえ、議論を総括する。

1　概要

　安楽亭は、1967 年に創業された [8]。1964 年、在日韓国人青
年であった柳時機が東京理科大学を中退して [9]、「焼肉店を含め、
食堂業はとにかく最低の職業だと考えていた」ものの、「社会での
成功のチャンスは大きく閉ざされ、生業的な食堂業を営むことで
生計を維持する」ことを決心し、同社を起業した [10]。その柳氏
が、1967 年 2 月、埼玉県川口市に、20 坪に 4 人掛十卓の簡素な
1 号店を開いたのである [11]。
　以上のように、同社のスタートは、ある意味で消極的なもので
あった。しかしながら、その後、同社は表 5-1 のように、「チェー
ン店数は 92 年で 100 個（店舗―引用者）、97 年 200 個を超える」
[12] ような（表 5-2 参照）、「まさに無人の野をいく快進撃」[13] を
展開していく（表 5-3 参照）。

---

(8)『月刊食堂』20（7）、柴田書店、1980 年 7 月、333 頁。
(9)『東亜日報』（ハングル）、2000 年 8 月 20 日。
(10) 前掲『月刊食堂』20（7）、333 頁。
(11) 同上、334 頁。
(12) 前掲『東亜日報』、2000 年 8 月 20 日。
(13) 中小企業総合研究機関編『月刊中小企業』51（9）、ダイヤモンド社、1999 年
　　9 月、17 頁。

表5-1 沿革

1978年11月	株式会社安楽亭を設立し、本店所在地を埼玉県川口市芝新町4—30に置く。
1985年4月	伊藤忠商事㈱と資本提携する。
1986年12月	埼玉県浦和市に田島工場を設置する。
1988年12月	埼玉県浦和市に栄和工場を設置する。
1992年7月	大宮天沼店オープンにより直営・FC・暖簾店舗100店舗体制となる。
1995年3月	運送部門の強化の為、㈱デイリーエクスプレスを100%子会社にする。
1997年4月	書籍販売等の新事業進出のため、北与野駅前に100%子会社㈱アン情報サービスを設立する。
1997年6月	本店の所在地を埼玉県与野市上落合2—3—5に移転する。
1997年7月	業態開発として、北与野駅前にイタリアンレストラン「アグリコ」1号店をオープンする。
1997年7月	連結子会社㈱アン情報サービスは、北与野駅前に「書楽」をオープンする。
1997年9月	日本証券業協会に当社株式を店頭登録する。登録に伴う公募増資により、発行済株式数7,050千株、資本金680,750千円となる。
1997年12月	栗橋店オープンにより直営・FC・暖簾店舗200店舗体制となる。
1998年4月	運営機能の強化のため、埼玉事業部(埼玉県与野市)、西部都下事業部(東京都国分寺市)、千葉事業部(千葉県習志野市)、神奈川事業部(神奈川県横浜市)の4事業部を設置する。
1998年8月	業態開発として、北与野駅前に和食店「春秋亭」1号店をオープンする。
1999年6月	公募による新株式発行により、発行済株式数13,421千株、資本金2,700,750千円となる。
1999年8月	仕入コスト削減と物流の合理化のため、㈱サリックスマーチャンダイズシステムズを子会社化する。また、同社の100%出資会社㈱幸松屋も連結子会社となる。
1999年9月	茨城県五霞町に五霞工場(精米・キムチ等加工品工場及び配送センター)が完成し、運営を連結子会社の㈱サリックスマーチャンダイズシステムズに移管する。
2000年2月	川崎市宮前区に生産物流拠点用地を取得する。
2000年3月	埼玉県浦和市に焼肉レストラン部門の新ブランドとして「朱苑」1号店をオープンする。
2000年3月	1999年度優良フードサービス事業システム改善部門において、農林水産大臣賞を受賞する。
2000年8月	東京証券取引所市場第二部に株式上場する。
2000年10月	連結子会社㈱サリックスマーチャンダイズシステムズは、販売強化を目的として㈱相澤(卸売業)の株式100%取得、子会社とする。また、同社の100%出資会社㈱二十一屋も連結子会社となる。 連結子会社㈱アン情報サービスは、「㈱書楽」へ社名変更し、企業イメージを明確にする。
2000年11月	グループ企業のIT化推進を目的として、当社100%出資による㈱アン情報サービスを設立する。
2000年12月	業態開発として、埼玉県蓮田市に、居酒屋風七輪炙焼き店「素材市場」1号店をオープンする。
2001年6月	中華レストラン事業への進出を目的として連結子会社株式会社上海菜館の株式100%取得、子会社とする。
2002年7月	埼玉県所沢市に焼肉レストラン部門の新ブランドとして「からくに屋」1号店をオープンする。
2002年12月	埼玉県さいたま市に焼肉レストラン部門の新ブランドとして「テラ・プレート」1号店をオープンする。
2002年12月	埼玉県川越市に焼肉レストラン部門の新ブランドとして「七輪房」1号店をオープンする。
2003年3月	焼肉レストラン事業への集中を目的として連結子会社株式会社上海菜館の全株式を譲渡する。
2003年11月	千葉県千葉市に中華レストラン部門の新ブランドとしてチャイニーズガーデン「龍饗(ロンチャン)」1号店をオープンする。
2004年9月	グループ企業の再編・効率化を図るため、酒・タバコ販売事業を展開する連結子会社㈱幸松屋の全株式を譲渡する。
2004年9月	公募及び第三者割当による新株式発行により、発行済株式数21,031千株、資本金3,034,650千円となる。
2006年9月	第1回新株予約権の行使により発行済株式数21,101千株、資本金3,509,775千円となる。
2007年2月	千葉県千葉市に壺漬カルビ・生ホルモン専門店「まんぷく」1号店をオープンする。
2007年9月	東京都武蔵市に焼肉レストランの新ブランドとして「安楽亭 楽コンセプト」1号店をオープンする。
2008年3月	焼肉レストラン事業への集中を目的として連結子会社㈱書楽の全株式を譲渡する。
2008年3月	第2回新株予約権の行使により発行済株式数21,371千株、資本金3,146,205千円となる。

出典)http://www.officej1.com/fsm/data/anrakutei.htm.(2014年2月23日アクセス)。

表5-2　安楽亭（焼肉レストラン）店舗一覧

店名	坪数	席数	出店年月	平均月商（万円）
本　　　店	20	40	S42. 2	310
西川口西口	30	52	S47. 3	1,250
前　　　川	8	24	S48. 10	200
末　　　広	10	28	S49. 6	220
大　　　宮	40	60	S50. 11	800
北　　　町	20	52	S51. 4	200
練　　　馬	40	64	S51. 7	700
南　浦　和	40	60	S52. 3	500
芝	25	44	S52. 9	550
草　　　加	30	60	S53. 2	240
北　　　園	35	60	S53. 6	280
宮　　　原	25	40	S53. 10	500
鳩　ヶ　谷	18	40	S54. 1	240
戸　　　田	36	60	S54. 9	240
美　女　木	70	92	S54. 12	1,000

出典）『月刊食堂』20(7)、柴田書店、1980年7月、334頁。

表5-3　売上高・経常利益・店舗数の推移（単位：億円）

年	売上高	経常利益	店舗数
1978	8	N/A	19
1979	11	N/A	20
1990	60	N/A	80
1996	151.4	8.3	123
1997	195.9	10.6	162
1998	241.9	16.7	211
1999	301.9	19.1	233
2000	315.0	N/A	245
2007	204.0	N/A	218

出典）『月刊食堂』20(7)、柴田書店、1980年7月、334頁；『月刊食堂』30(7)、柴田書店、1990年7月、322〜323頁；『今月の焦点』14(11)、2000年11月、27頁；http://www.officej1.com/fsm/data/anrakutei.htm.（2013年3月22日アクセス）。

注）「のれん」を除く。

2　キャピタル・サイド（capital side）

　まず、同社の資本面について見てみよう。

　同社は、以後 1973 年、1974 年、1975 年に 1 店ずつ出店を続けていく。そうした中、「自己資金だけで出店のスピードを早めるのはムリ」なため、「当然借入を考え」るようになった[14]。

　だが、当時は、「（日本の—引用者）都市銀行は、国籍韓国というだけでシャットアウト」していた。そのため、在日企業の同社は、初めは当分、「既存店の利益および償却分充当の 100% 自己資金出店」[15] を続けざるを得なかった。

　しかし、その後、同社に好機が訪れた。「川下ビジネス」への事業拡大を図ろうとしていた伊藤忠商事が同社への資金提供の意思を打診してきたのである。結果的に、両者の間に「資本提携」が行われ、安楽亭は、「店舗の賃借を容易にするための信用」を手に入れることができた[16]。

　さらに、その後も、同社は、事業運転資金の調達と「長期安定資金」の確保で、財務基盤の安定を図ろうと、資金確保に注力していった。たとえば、総額 114 億 8,000 万円の資金を調達するため、みずほ銀行を「アレンジャー」として、26 の金融機関が参加し[17]、シンジケートローン契約を締結したり[18]、株式公開によっ

（14）同上、333 頁。
（15）同上、333 頁。
（16）『りそなーれ』2（2）、2004 年 2 月、9 頁、『月刊食堂』30（7）、柴田書店、
　　　1990 年 7 月、323 頁。
（17）資料上の制約によって、詳細は不明。
（18）『民団新聞』2004 年 9 月 8 日。

て、財務体質を「強固」にし[19]、さらに、三井住友銀行、三菱UFJ銀行、商工中金、横浜銀行、埼玉りそな銀行、みずほ銀行[20]から融資を受けるなどしながら、大量出店につなげる資金基盤[21]を固めていったのである[22]。

要するに、同社は、初めは、民族差別により事業資金の確保に苦労したものの、その後は、銀行からの融資など日本企業が最もよく使う資金調達方法を駆使して、資金力を強化していったのである[23]。

3 ヒューマン・リソース・サイド
(human resources side)

同社は、創業まもない時期から、**表5-4**が示すように、入社職員を養成し、同社の役員に登用していった[24]。

付表5-1　株主(2013年)

株主	持ち株数①	①/総株
豊山開発	240	11.1
柳時機	171	7.9
アサヒビール	100	4.6
柳先	55	2.6
柳允	55	2.6
柳京	55	2.6
柳朱里	55	2.6
柳詠守	55	2.6
柳允寿	45	2.1
柳俊勲	45	2.1

出典)東洋経済新報社『四季報』2014年1集、東洋経済新報社、2014年、1277頁。

注)①株主7522名、②139,000株、③外国0.2%、④浮動株43.5%、⑤投信1.5%、⑥特定株41.6%。

[19]『月刊食堂』37 (12)、柴田書店、1997年12月、44頁。ただ、同社は、**付表5-1**にあるように、「経営者などが株式の大部を確保している」「同族経営」方式をとっている (http://ja.wikipedia.org/w/index.php?title=同族経営&oldid=51113880 (2015年2月13日アクセス)。

[20] 東洋経済新報社『四季報』2014年1集、東洋経済新報社、2014年、1277頁。

[21] 前掲『月刊食堂』37 (12)、44頁、前掲『月刊食堂』20 (7)、334頁。

[22] その時期、同社は、「仮に銀行ともめても3年間は自力運営できる資金ポジション」をとっていた (『ベンチャークラブ』(84)、東洋経済新報社、2000年10月、82頁)。

[23] 前掲『月刊食堂』20 (7)、334頁。

[24] 前掲『月刊食堂』37 (12)、44頁。

表5-4　役員（2014年「現在」）

役職	氏名	略歴	
代表取締役社長	柳時機	昭和39年10月	焼肉店「安楽亭」従事
		昭和53年11月	当社設立、代表取締役社長就任（現任）
		昭和57年12月	豊山開発㈱設立、代表取締役社長就任
		平成4年11月	㈱サリックス設立、取締役就任
		平成6年6月	㈱デイリーエクスプレス取締役就任
		平成7年5月	㈱サリックストラベル代表取締役社長就任
		平成11年1月	㈱サリックストラベル取締役就任
		平成11年2月	豊山開発㈱取締役就任
		平成15年1月	㈱北与野エステート取締役就任
常務取締役	柳先	平成12年11月	当社入社
		平成12年11月	㈱アン情報サービス代表取締役社長就任（現任）
		平成13年6月	当社取締役システム部長就任
		平成14年6月	㈱書楽取締役就任
		平成14年10月	当社常務取締役就任（現任）
		平成17年6月	㈱デイリーエクスプレス取締役就任
		平成18年2月	㈱サリックスマーチャンダイズシステムズ取締役就任（現任）
取締役財務経理部長	安部一夫	昭和63年10月	当社入社
		平成7年9月	当社内部監査室長就任
		平成11年6月	当社常勤監査役就任
		平成14年6月	当社取締役業務部長就任
		平成15年8月	当社取締役総務人事部長就任
		平成20年6月	当社取締役財務経理部長就任（現任）
取締役総務人事部長	本多英明	平成11年5月	当社入社
		平成16年7月	当社店舗開発部次長就任
		平成16年10月	当社内部監査室長就任
		平成20年6月	当社取締役総務人事部長就任（現任）
取締役埼玉エリア部長	青木茂雄	平成13年11月	当社入社
		平成18年12月	当社埼玉エリア次長就任
		平成23年1月	当社埼玉エリア部長就任
		平成23年6月	当社取締役埼玉エリア部長就任（現任）
監査役（常勤）	大園保樹	平成5年1月	司法書士登録（現）
		平成10年9月	当社入社
		平成14年6月	当社内部監査室長就任
		平成16年6月	当社常勤監査役就任（現任）
監査役	宮澤仁成	平成8年7月	長野税務署長退官
		平成8年8月	税理士登録（現）
		平成13年6月	北越製紙㈱監査役
		平成14年6月	当社監査役就任（現任）
監査役	馬場進	平成2年9月	馬場税理士事務所開設
		平成15年6月	当社監査役補欠者就任
		平成15年12月	当社常勤監査役就任
		平成16年6月	当社監査役就任（現任）

出典）東洋経済新報社『四季報』2014年1集、東洋経済新報社、2014年、1277頁；
http://swot.jp/company/officer/7562.（2014年4月15日アクセス）。

しかし、同社はヒューマン・リソース・サイドをより強化しよ
うと、1996 年からは、「学卒」（＝大卒）の採用をはじめ[25]、そ
の後、1996 年 30 人弱、1997 年春 45 人[26]、1999 年「大卒だ
けでも 80 人近」[27] くとその採用数を増やしていった。

　加えて、同社は「アルバイト。パート(ママ)の戦力化」[28] にも尽力
していった。その一環として、同社は、「（正社員は―引用者）マ
ネジメントに徹し、パートには限定された業務だけをしっかりこ
なしてもら」[29] ったうえで、「パートに責任を持って納得して働
いてもらうため、賃金インセンティブ制度を導入」[30] したので
ある。

　以上のように、同社は、日本企業と同様に社員とアルバイト、
パートを採用し、雇用面で日本社会に貢献してきたのである[31]。

4　合理化

　同社は、これまでさまざまな合理化を進めてきた。同社の合理
化の中でも、同社の成長を支える最大の原動力となってきたもの
は、「サプライ・チェーン・マネジメント理論に基づく独自のビジ
ネスモデル」であった[32]（**図 5-1 参照**）。

---

(25) 同上、45 頁。
(26) 同上、45 頁。
(27) 前掲『月刊中小企業』51（9）、17 頁。
(28) 前掲『ベンチャークラブ』(84)、81 頁。
(29) 同上、81 頁。
(30) 同上、82 頁。
(31) 前掲『四季報』2014 年 1 集、1277 頁。同社は、2014 年時点で、273 名の従
　　業員を雇用している。

図5-1 安楽亭・ロードサイド店舗

　同社は、「焼肉食堂はチェーン戦略はうまくいかない」という固定観念を覆す[33]かのように、1975年11月の5号店から1978年6月の11号店まで、3年も経たないうちに出店数を増加させた[34]。さらに、1989年には直営店を10店舗新規出店するといった「スクラップ・アンド・ビルド」[35]を展開してきた。その際、同社が採用した戦略が、前述の如く、「郊外ロードサイドのFR型の焼肉店の開発」であった[36]。要は、郊外ロードサイドに出店

---

(32) 前掲『りそなーれ』2 (2)、10頁。
(33) 『韓国経済』(ハングル)、2000年9月6日。
(34) 前掲『月刊食堂』20 (7)、334頁。
(35) 同上、323頁。
(36) 『月刊食堂』40 (1)、柴田書店、2000年1月、121頁、前掲『月刊食堂』37 (12)、44頁。

していくことで、「スクラップ・アンド・ビルド」を可能にしたのである。

　同社が、そうした「特定のエリアに集中的に店舗を開設するドミナント方式」[37] を採用したのは、❶「地域密着型の営業が可能」、❷「効率的な配送が可能になり、仕入れコストが削減できる」、❸「従業員に対する教育・指導が行き届き、マネジメント体制が強化できる」、❹「集中的に出店すれば当該地域での認知度が高まり、広告展開の経費も節約できる」[38] といった経営効率上の理由であった。

　同時に、同社は、「黙っていてもお客様は敏感に感じ取る」[39] 価格への合理化も進めてきた。安楽亭の顧客単価は、昼は700〜800円、夜は2,200〜2,300円で、これは、他の郊外型和食チェーンや、ステーキチェーンと比べても低い水準であった[40]。したがって、同社としては、「採算改善」もしくは「コスト管理」[41] を行ってきたわけであるが、その代表的なものには、次のようなものがある。

❶「チェーンへの食材供給を一括で行うことにより、コスト削減を実現している」[42]。
❷「原価率は36%。店内調理に注力しつつも人件費率は23%と低く抑えられ、一人当たりの1時間における生産性は4,000〜

---

(37) 前掲『りそなーれ』2 (2)、10頁。
(38) 同上、10頁。
(39) 前掲『月刊中小企業』51 (9)、16頁。
(40) 前掲『月刊食堂』30 (7)、323頁。
(41) 前掲『四季報』2014年1集、1277頁。
(42)『今月の焦点』14 (11)、2000年11月、26頁。

- 83 -

4,200 円を目安としている」[43]。

❸「価格が下がっても、食材の質だけでなく、接客等のサービスの質に関しても、今までと同じサービスを提供する」[44]。

　これと共に、同社が力を注いできた合理化としては、仕入れへの工夫が挙げられる。

　同社は、初めは、「いずれも食材は同一の仕入れでカバーしてい[45]」た。「食材である牛肉と内臓は白子屠場に入っていた板橋畜産から仕入れ、魚介類、野菜類は千住市場へ買い付け」する中で[46]、牛肉と内臓に対しては、「自社屠体化で牛を一頭まるごとムダなく利用することで、良い肉を安く提供することができる」[47]ようにしていたのである。

　しかし、その後は、それまで取り引き先であった板橋畜産が倒産したため、これをきっかけに、社長自ら、岩手や新潟に足を運び、「主に岩手から経産牛を月に2〜3回、1回に6頭ずつ買い付け、屠殺業者に委託し屠体となった牛を自社集配センターで解体し、ポーションコントロール」するようにした[48]。

　さらに、同社は 1980 年からは、同年の牛肉輸入自由化[49]をきっかけに、新たな試みに踏み切った[50]。つまり、牛肉輸入自由化によって、「選ぶ選択肢が増えた」[51] ことから、「差別化ができる」

---

(43) 前掲『月刊食堂』37（12）、44 頁。
(44) 前掲『今月の焦点』14（11）、26 頁。
(45) 前掲『月刊食堂』20（7）、334 頁。
(46) 同上、334 頁。
(47) 同上、333 頁。
(48) 同上、336 頁。
(49) 『月刊食堂』36（3）、柴田書店、1996 年 3 月、165 頁。
(50) 前掲『月刊食堂』20（7）、336 頁。
(51) 前掲『月刊食堂』36（3）、165 頁。

国内牛と合わせて[52]、「中間業者を廃した米国4大パッカー」[53]から「牛肉直接買い付け」をする[54]ようにしたのである。こうすることで、その後、同社の（アメリカ輸入牛肉の比率は約8割にまでとなった[55]。

続いて、同社は1999年からは、従来のアメリカルートに加え、オーストラリアルートの開拓も試みた[56]。「低コストながら和牛に近い食感を持つ」オーストラリア産カルビを「味を劣化させないチルド（冷蔵）で輸入」[57]、それを「『プライムカルビ』と銘打って人気の大皿メニュー」[58]にしたのである。

これと並行して、同社はセントラル・キッチンおよび物流網の整備にも努力を怠らないようにしてきた。まず、同社の「キッチン」について80年代からは、牛肉はアメリカからの直接買付けが基本で、精肉加工はすべて外注[59]の方針をとっていた。「自社で製造しているのは焼き肉につけるタレとキムチだけという徹底ぶり」によって、その経費を徹底的に抑制していたのである[60]。

しかし、その後、同社は事業拡大に伴い「物流までの一貫生産・物流体制でお客様のサポート」[61]を行うことを目的に、サリックス・マーチャンダイズ・システムズ（＝サリックスMS）[62]を

---

[52] 前掲『月刊食堂』30（7）、323頁。
[53] 詳細は不明。
[54] 前掲『ベンチャークラブ』（84）、82頁。
[55] 前掲『月刊食堂』36（3）、165頁。
[56] 前掲『今月の焦点』14（11）、26頁。
[57] 同上、26頁。
[58] 前掲『ベンチャークラブ』（84）、82頁。
[59] 前掲『月刊中小企業』51（9）、16頁。
[60] 同上、16頁。
[61] http://www.salixms.co.jp/（2014年1月1日アクセス）。
[62] 同上、『食糧ジャーナル』23（10）、1998年11月、52頁。

表5-5　株式会社 サリックスマーチャンダイズシステムズ㈱の沿革

平成7年3月	株式会社 サリックスマーチャンダイズシステムズを設立し、本社を埼玉県幸手市に置く
平成7年10月	埼玉県浦和市に栄和工場設置
平成10年1月	酒類、タバコ類の仕入強化のため、株式会社 幸松屋を100%子会社にする
平成11年1月	食材等の直輸入開始
平成11年8月	株式会社 安楽亭の資本出資(出資比率66.6%)により、安楽亭グループとなる
平成11年9月	茨城県五霞町に五霞工場設置
平成11年10月	五霞工場稼動に伴い、栄和工場閉鎖
平成12年2月	川崎市宮前区に物流拠点用地を取得する。
平成12年10月	㈱相澤(卸売業)の株式100%取得、子会社とする。また、同社の100%出資会社㈱二十一屋も連結子会社となる。
平成13年11月	業務再編成の一環として川崎の物流業務を五霞工場に統合させ物流の効率化を図る。
平成14年3月	物流業務を全て五霞工場に統合した為、川崎デポを閉鎖。

出典)http://www.salixms.co.jp/(2014年1月1日アクセス)。

築いた（表5-5 参照）。「CK（Cooking Kitchen―引用者）および配送センターの機能をも合わせ持った」同システムを導入し[63]、1979 年 2 月に、350 坪規模のサリックス MS が川口市内に完成したのである。そこで、工場内では、殺菌・洗浄など万全の衛生管理を行[64]いつつ、「コンビニエンスストアデイリーマートのパック商品」[65] を含む「信頼の製品」[66] を加工・生産していった。

また、同社は「多店舗展開の生命線」とも呼ばれる「バックヤードの整備」として、2000 年 6 月から茨城の第 2 工場を稼働させ、「内製率向上と同時に既存工場と合わせ 800 億円規模まで対応可能」にした[67]。

さらに、同社は、「鮮度にこだわった最善の食料流通も考え続けて」[68] きた。たとえば、同社は、集配センターに 5 台の保冷車

---

(63) 前掲『月刊食堂』20（7）、336 頁。
(64) http://www.salixms.co.jp/
(65) 前掲『月刊食堂』20（7）、336 頁。
(66) http://www.salixms.co.jp/
(67) 前掲『ベンチャークラブ』(84)、82 頁。
(68) http://www.salixms.co.jp/

を配置し、1日1〜2回、コース別に食材その他の供給を行[69]っ
たり、「デイリーエクスプレスを傘下に収めて運送部門を強化。毎
日一括配送が可能な物流システムを構築し」[70]たり、「サリック
スマーチャンダイブシステムズを子会社化し、仕入れコストの削
減と物流の合理化を推し進め」、「こうした一連の取り組みによっ
て、高品質を維持しながらコストダウンを可能にする経営システ
ム」を築いてきたのである[71]。

　それらの他、同社は、以下のような合理化も積極的に推進して
きた。

❶「ファミリーレストランデザートインをオープンし」、それを
「ディナー主体にしながらも、モーニングからランチ、ブランチな
どのメニューもそろえ、午前7時から午前2時までの年中無休体
制」にしている[72]。
❷「これまでの直営店方式による出店から、のれん分け的な委託
経営方式を採用」し、「一応既存店の安楽亭を対象店として、不振
店は委託可能な水準まで引き上げ、実績が安定したところでまか
せる」ようにしている。
❸「(直営店の─引用者) 保証金は200万円どまりに抑え、固定
月額での家賃も1〜3年と長いスパンで設定し、むりなく、7〜
8年で所有権を移譲できるようにし」ている[73]。
❹「関東地区で最も早く収穫され、九州・四国産の超早場米と比

---

(69) 前掲『月刊食堂』20 (7)、336頁。
(70) 前掲『りそなーれ』2 (2)、10頁。
(71) 同上、10頁。
(72) 前掲『月刊食堂』20 (7)、335頁。
(73) 同上、336頁。

- 87 -

べて品質と価格の両面でバランスがとれた千葉県産ふさおとめ
を、安楽亭での10年産新米の先陣として使用」[74] し、他社との
差別化を図っている。

以上を総括すると、同社は仕入れ・生産・物流の各プロセスに
おけるコストの最小化 [75] を目指す合理化を積極的に推進してき
たことで、「他社がこの（同社―引用者）価格で売ったら、まず
利益は出ない」[76] という価格での販売を可能にすることに加え、
表3のような好成績を上げることも可能にしてきたのである。

5　クライシス：BSE 事件

2001 年秋、焼肉業界を「震撼」させる一大事件が発生した
[77]。それは、「国内で飼われていた牛がBSE（Bovine Spongiform
Encephalopathy、狂牛病）に認定され」たことである [78]。

このため、2001 年、同社の「同年度（2001 年―引用者）の売
上高が前年比 40% 以上もダウンし、創業以来初の赤字計上を余儀
なくされ」[79] た。にもかかわらず、「目先の利益を追って和牛の
仕入れをストップすれば、自社の重要なノウハウを失うばかりで
なく、国内の生産者を裏切ることにもなる」と考えた柳社長は、「毎

---

(74) 前掲『食糧ジャーナル』23（10）、52 ～ 53 頁。
(75) 前掲『りそなーれ』2（2）、10 頁。
(76) 前掲『月刊中小企業』51（9）、16 頁。
(77) 前掲『りそなーれ』2（2）、11 頁。
(78) 同上、11 頁。
(79) 同上、11 頁。

日のように和牛肉ロス廃棄を出しつつも我慢を続け」、「その間、物流網とセントラルキッチンが完備しているメリットを生かし、生産地情報などを綿密にチェック」し、「少しでも危険性がある牛肉は廃棄し」[80] ながら、「ホームページや新聞、広告、イベントなど、あらゆる媒体を使って安楽亭が提供する牛肉の安全性をアピールし続けた…［中略］…結果、事件発生から2年後、同社の業績はBSE以前のレベルに回復」[81] することができた。

　つまり、同社は、BSE事件によって2年近く赤字が続く中でも、日本の「和牛」を見捨てることはなかったのである。

おわりに

　では、本章の検討により明らかになった点等をまとめてみよう。

　第一は、在日企業の同社は、日本企業と同様に日本経済に貢献してきたのであった。同社が日本企業と唯一異なる点は、同社の創業者が朝鮮半島出身であるという点のみであった。つまり、同社は日本企業と同じく日本の金融機関から融資などを受け、それらの金融機関に利子の形で見返りを提供し、また、多くの日本人を社員またはアルバイト、パートの形態で採用し、雇用面において、日本経済に貢献してきたのである。さらに、同社は、BSE事件発生の中で、赤字経営が続く中でも日本の和牛を守るという姿勢を崩さなかったのである。

---

(80) 同上、11頁。
(81) 同上『りそなーれ』2 (2)、11頁。

図5-2 安楽亭 食べ放題

　第二は、同社への検証を通じて、不利な環境下における在日コリアンの活躍が読み取れた。たとえば、柳社長は、社会での成功のチャンスが大きく閉ざされたため、やむを得ず、食堂業を営んで生計を維持していく中でも、また、その後差別により事業資金の確保がなかなかうまくいかない中でも、決して諦めることなく着実に成長してきたのである[82]。

　以上が安楽亭に対する検証によって明らかになった点である。

　最後に、近年の同社の動向について若干言及すると、最近、同社は、ブラック企業の汚名を払しょくしきれず[83]、「輸入牛肉の

---

[82] 前掲『ベンチャークラブ』(84)、82頁。同社の社長は、「あくまで個人の力量が重要だ、とよく口にする」という。
[83] https://careerconnection.jp/review/8233/kutikomi/（2018年3月13日アクセス）等々。

- 90 -

価格高止まりと人手不足が継続し、事業環境は厳しい」[84] 中（**表5-6参照**）、直営店のFC（フランチャイズ）への譲渡や経営委託型タイプの出店を拡大したり[85]、「年間売出（売上―引用者）500億円、店舗数500を達成する『ネットワーク500』を出し」[86] たり、「経営目標を量的拡大から質的向上へ転換」しようとしたり[87]、食べ放題[88] および飲み放題（**図5-2参照**）を採用したりしながら、活路を拓こうと必死である。同社の挑戦はいまも進行中であるのである。

表5-6　安楽亭の業績

決算期	2017年3月期
売上高	16,539百万円
当期利益	-73百万円
EPS（一株当たり利益）	-34.27円
ROA（総資産利益率）	-0.50%
ROE（自己資本利益率）	-1.19%

出典）「ヤフーファイナンスレポート」（2018年3月15日アクセス）。

---

(84) https://info.finance.yahoo.co.jp/search/?query=%E5%AE%89%E6%A5%BD%E4%BA%AD（2018年3月1日アクセス）。
(85) 『Franja』、189号、2015年11月、34〜36頁。
(86) 前掲『韓国経済』、2000年9月6日。
(87) 前掲『ベンチャークラブ』(84)、80頁。
(88) 五十嵐明彦『焼肉屋は食べ放題なのになぜ儲かるのか?』インデックス・コミュニケーションズ、2009年、102〜115、120頁、小倉優子・五十嵐明彦『焼肉屋は食べ放題なのになぜ儲かるのか』インデックス・コミュニケーションズ、2009年。食べ放題の仕組みについては、次のとおりである。**付図5-1**を見ればわかるようにケーキセッ

付図5-1

ケーキセット　750円　原価率30%

売上　750円
原価　225円
粗利益　525円

ケーキバイキング　1,500円

原価率50%　　　　　原価率65%
[ケース1]　　　　　　[ケース2]

売上　1,500円　　　　売上　1,500円
原価　750円　　　　　原価　975円
粗利益　750円　　　　粗利益　525円

付表5-2　損益計算書

通常の飲食店のケース			食べ放題のケース		
売上高	1,000		売上高		1,000
売上原価	300		売上原価	↗	400
売上総利益	700		売上総利益		600
人件費	300		人件費	↘	200
地代家賃	100		地代家賃		100
諸経費	100		諸経費		100
営業利益	200		営業利益		200
営業外収益	10		営業外収益		10
営業外費用	120		営業外費用		120
経常利益	90		経常利益		90

→ 利益は同じ ←

出典）小倉優子・五十嵐明彦『焼肉屋は食べ放題なのになぜ儲かるのか』インデックス・コミュニケーションズ、2009年。

トの原価率を30%とすると原価は225円、粗利益は525円となる。これに対してケーキバイキングは原価率が50%でも粗利益額は750円になるし、ケーキセットと同じ粗利益525円を確保することを考えても、原価率は65%までOKということになる。このようにバイキングは粗利益ではなく粗利益額で勝負しているケースがあるのである。しかも、バイキングが成り立つ理由は、人件費の安さにもある（**付表5-2参照**）。たとえば、バイキング形式の場合、オーダーを取る必要がなく、またテーブルまで料理を運ぶ必要がないため、働く人の数も少なく済むのである。

第6章

在日コリアンの家計簿

はじめに

　本章は、在日コリアンの家計簿を検討することによって、在日コリアンの「現況」を確認すると共に、在日コリアンの「特権」に関する主張に反駁することを目的とするものである。

　これまで、在日コリアンに関する研究は、「運動史」・「政策史」・「社会史」などのさまざまな側面から盛んになされてきた [1]。そのうち、本章の課題に関連して、社会史的側面を重視した最も代表的な近現代の在日朝鮮人史の通史としては、樋口雄一『日本の朝鮮・韓国人』[2] が挙げられる。

　若干紹介すると、同書は「植民地となった朝鮮半島から日本に来た人びとの歴史を、差別・抵抗とともに日々の暮らしのさまざ

---

(1) 詳細は、糟谷憲一編『朝鮮史研究入門』名古屋大学出版会、2011年、326～330頁を参照されたい。
(2) 樋口雄一『日本の朝鮮・韓国人』同成社、2002年。

まな実態を探りだす中で捉えなおし、日本近代史の重要な一面を検証する」⑶ という趣旨のもと、「在日朝鮮人の暮らし（1. 衣・食・住、2. 子供の教育、3. 暮らしのなかの文化）」、「労働と生活擁護（1. 職域と賃金、2. 生活圏を守る、3 地域政治への接近）」、「敗戦直後の生活（1. 職業、2. 住宅事情 3. 衣食など）」などの在日コリアンの種々の「現状」を、事実に基づいて正確に描いたものである。

　事実、このような同書の趣旨および捉え方は、在日コリアン関連研究において最も重要なものであり、それゆえ、これからも継承・強化していく必要がある。そのうえで、たとえば、近年の在日コリアンの姿をよりミクロ的に分析する必要があるだろう。

　したがって、本章においては、そうした点を踏襲しつつ、一人の在日コリアンの家計簿およびライフ・ヒストリーを観察することによって、近年における在日コリアンの姿、すなわち「現況」をより明らかにしたい。これが本章の第一の課題である。

　なお、在日コリアンの家計簿への検証を行うことによって、殊に近年、日本で目立っている在日特権 ⑷ に関する偏見などを払拭することも可能であると期待される。

⑶ 同上、1 頁。

⑷ 在日コリアンの「4 大特権」は次のとおりである（安田浩一『ネットと愛国』講談社、2012 年、194 ～ 195 頁）。
①特別永住資格。
②朝鮮学校補助金交付。
③生活保護優遇：「外国人生活保護者数の約 70% が在日という結果が厚生労働省から発表されている」。
④通名制度：「犯罪を犯しても『通名報道』によって本名が隠されている場合が多い為、まさに犯罪を助長させている制度に他ならない」。

　これらに対する反論は次のとおりである（前掲『ネットと愛国』、関東弁護士連合会編『外国人の人権』明石書店、2012 年）。

①特別永住資格

　1952年のサンフランシスコ講和条約発効により、かつて日本国籍を有していた在日コリアンは記号としての「朝鮮籍」となり、無国籍状態となった。1965年に日本は韓国と国交を樹立し、韓国籍を選択した人は本人の申請によって2代目まで永住資格を与える、「協定永住資格」を設けた。さらに1991年入管特例法が施行され、3代目以降の永住許可が認められると同時に、韓国籍のみならず朝鮮籍にも永住資格が付与されるようになったが、これが「特別永住資格」である。「権利」ではなく、「資格」なのである。

②朝鮮学校補助金交付

　現在、朝鮮学校には日本政府からの助成金は1円も支給されていない。各地方自治体によって助成金は支給されているが、平均すれば公立学校の10分の1、私立学校の3分の1程度である。東京都は2012年1月、朝鮮学校への補助金を予算として計上しないことを決めている。また学校教育法では文部科学省の指導要領に従い、外国語以外の授業を日本語でおこなう学校を一条校とし、それ以外を各種学校としているが、朝鮮学校は後者にあたる。国からの助成金がないのはそのためである。教育内容についても、反日教育は無かったという朝鮮学校出身者の証言がある。

③生活保護優遇

　外国籍住民にとって生活保護とは、政府や自治体による一種の行政判断によって支給されている。厚生労働省の2011年の調査では、生活保護を受けている韓国・朝鮮籍世帯の割合は約13%であるのに対し、日本人世帯の割合は3%であった。在日コリアンの生活保護受給者の多くは高齢者であり、差別を受けながら社会的・経済的基盤が脆弱となった。さらに国民年金制度の創設時には国籍条項によって加入できず無年金となり生活が困窮し、生活保護の申請基準を満たした場合が多いのである。

　また生活保護を申請して支給が認められなかった場合、日本人であれば不服申し立てをおこなうことで、支給が許されるケースが存在するが、外国人からの訴えは棄却するように厚生労働省は各地方自治体へ通達している。

④通名制度

　通名は戦前の「創氏改名」によって作られた制度である。朝鮮半島が日本の植民地支配下にあった1940年、朝鮮総督府は朝鮮の父系血統を基本とする夫婦別姓を日本式の「家社会」に改め、朝鮮人の名前を日本式に変えることを目的に、創氏改名制度を施行したのである。その時多くの朝鮮人が生活上の不利益を恐れて、または強要され日本式の名前を選択した。戦後在日朝鮮人は便宜上、あるいは民族差別から逃れるために日本名を名乗り続ける者も少なくなかった。また、日本の役所も彼らの日本名使用を、法的効力を持つ名前として認めてきている。

近年、日本では、在日コリアンに対し、「年に600万円が支給される」、「働かなくても生活できる」、「各種税金や相続税を払わなくてよい」、「医療や光熱費、家賃が無料」、「住宅費が5万円まで補助される」という虚偽の情報が蔓延している[5]。

　ゆえに、本章では、在日コリアンの家計簿を実際に確認することによって、それらの真意を明らかにしたい。さらに、そうすることによって、植民地朝鮮の経済史研究などにとって、日本帝国主義による朝鮮支配を批判的な視点から分析する、すなわち、「帝国主義イデオロギーによる呪縛と自己疎外」からの脱却という梶村秀樹や松本武祝の課題をある程度は充たすこともできると期待される[6]。

　次に、本章の構成は、以下のとおりである。

　まず2では、K氏のライフ・ヒストリーについて少し触れる。3では、K氏の家計簿に関して説明する。4では、同氏の家計簿ならびにライフ・ヒストリーにまつわる、在日コリアンの年金・就職・帰化・住居などの経緯もしくは現況について詳しく述べる。「おわりに」では本章での検討を踏まえ、議論を総括する。

1　K氏のライフ・ヒストリー

　まず、K氏[7]（女性）のライフ・ヒストリーについて述べよう[8]。

---

(5) 李信恵『鶴橋安寧』影書房、2015年、51頁。
(6) 前掲『朝鮮史研究入門』、265〜266頁。
(7) 匿名希望。
(8) 「」はK氏のインタビュー内容そのままである。インタビューは2014年から2015年にかけて10回実施した。

K氏は1945年に名古屋で生まれた。彼女の父親は、慶尚北道義城出身。故郷では「食えず（＝生活に困り）」、日本にわたってくるしかなかったという（渡日の年は不明）。その後、彼は仕事を転々とし、そののち、貯金で、名古屋で雑貨商をはじめた。そして、彼は同じ在日朝鮮人女性と結婚し、のちに朝鮮が解放された年にK氏が生まれた。彼女の父親は、独立後、韓国に帰国することも真摯に考えたようだ。しかし、韓国には「仕事がなんもない」と、日本に再び戻ってきた「在日」の話を聞き、さらに、その直後、朝鮮戦争が勃発したため、結局帰国を見送った。

　そのように日本に残ることとなったK氏は名古屋で、小学校・中学校・高校に進学する。さらに、当時女性としては珍しく、「そこほど生活が豊かであったわけではなかったが、教育はもっとも重要だといつも口癖していた父親のおかげで」、短期女子大学にまで進学できた。

　ここで、彼女の学生時代について少し触れると、彼女にただ一つ残っている学生時代の記憶とは、「とにかくつらかった」、すなわち、日本人によるイジメが「どえらいもの」（＝ひどい）というものであった。「毎日、朝鮮人、・・・死ね、朝鮮人・・・キムチ臭い、ニンニク臭い、・・・朝鮮人・・・国に帰れ！ばかりいわれ」る中で、「担任はもちろん、先生たちは、彼女を守ってくれるところか、便乗し一緒になってイジメ」たという。

　そうした理由もあり、彼女は「朝鮮人っばれるのが怖くて・・・怖くて・・・」未だに通名（M・M）を名乗っている。しかも、いまも「よっぽど信じれる人じゃない」限り、「まわり」には、自分が「在日ってことは一切いわない（明かさない―引用者）」といった(9)。

ここで、彼女のライフ・ヒストリーに戻って、彼女は、その後名古屋の短期女子大学を卒業。卒業後は、すぐ同じ在日コリアンと結婚したが、同氏は、名古屋の「帝大の機械（学部―引用者）」を卒業した「インテリ」で、「当時、（在日の―引用者）インテリがよく働く（愛知―引用者）商銀」(10)に勤めていた。しかし、夫は、「エンジニア」の夢を切り捨てず、その後も就活をやり続け、やっと「在日の会社の基盤設計のエンジニア」となった。その間、二人は息子を授かった。

　彼女の言葉を借りれば、そののち彼女は「順風満帆の人生を送るはず」であった。だが、「その直後、ご主人が体を壊し、しばらくして他界」した。結局のところ、「食っていくため、在日（コリアン―引用者）がやっていた靴屋にバイトとして入り」、それによって生計を立て、「アドゥル（＝息子―引用者）が帝大（東京大学―引用者）に入るまで頑張」(11)って行く。そして、彼女は、

---

(9) 在日コリアンの通名の有無と使用に関しては、**付表6-1** を参照されたい。

付表6-1　通名の有無と使用

通名所持率（サンプル＝1028人）		
持っている	819人	79.7%
持っていない	185人	18.0%
持っていたが、今は持たない	21人	2.0%
無回答	3人	0.3%
本名通名使用状況		
本名のみ	30人	3.7%
本名の方多く使用	68人	8.3%
本名・通名使い分け	138人	16.8%
通名の方多く使用	275人	33.6%
通名のみ使用	303人	37.0%
無回答	5人	0.6%

出典）樋口雄一『日本の朝鮮・韓国人』同成社、2002年、196頁（もとは、神奈川県『日本の中の韓国・朝鮮人、中国人』。

(10)「（愛知―引用者）商銀」または「民団」。

(11) 彼女はのちに焼肉屋をしようとしたこともあったようである。だが、「結局、お金が全然無く」、できなかったようである。

66歳のときに、その靴屋の社員をやめ、現在は、韓国籍のまま、年金と「仕送り」で、名古屋で「延命」している。

　以上であるが、その中でも、傍点部分については、以下の3節と5節でより詳しく説明する。

2 「在日」家計簿の内訳

表6-1　K氏の家計簿（月平均）

		金額	比率	詳細
収入	年　　　　　金	38,000	40.9%	
	仕　　送　　り	55,000	59.1%	
収入合計①		93,000	100.0%	
主となる食費	穀　　　　　類	445	0.6%	
	肉・魚・卵乳製品類	2,559	3.2%	
	野　　菜　　類	14,146	17.6%	
	その他の食品	190	0.2%	
	調　　味　　料	504	0.6%	
嗜　好　品	菓子・果物	967	1.2%	「アラレ」(5袋、945円)、「大判焼き」(160円)
	酒・その他の飲料	600	0.7%	
外食		333	0.4%	
食費合計		19,742	24.5%	
家　　　　　　　　　賃		35,000	43.5%	
住　　居　　・　　備　品		1,363	1.7%	「ビニール袋」、「ほかほか」(105円)、「洗濯ネット」(210円)、「スリッパ」(210円)
光　　熱　　・　　水　道		14,530	18.1%	
被　　　　　　　　　服		3,043	3.8%	「シャツ長袖」、「セーター」など
保　　健　　・　　衛　生		2,729	3.4%	吉田(Y)歯科(500円)、ひざ用サポーター(420円)、「検診」(500円)
教　　　　　　　　　育		125	0.2%	
教　　養　　・　　娯　楽		2,866	3.6%	「新聞代(中日新聞)」、「花の木」(1317円)、「カラオケ」
交　　　　　　　　　際		1,000	1.2%	「お抹茶2人」(500円)
交　　通　　・　　通　信		25	0.0%	
こ　　づ　　か　　い		0	0.0%	
貯　　　　　　　　　蓄		0	0.0%	
支出合計②		80,422	100.0%	

　本節では、K氏の家計簿に関して触れよう [12]（**表6-1参照**）。

---

(12)「」はK氏のインタビュー内容そのままである。

まず、収入は、年金3万8,000円（40.9%）(13) と息子からの仕送り5万5,000円（59.1%）からなっていた。仕送りに頼っているのは、3万8,000円といった年金だけでは「食っていけない」からであった。ただ、彼女の年金額が小額にとどまっている理由に関しては後述することにする。

　他方、「支出」は、まず「食費」と「食費以外の支出」の項目によって構成されていた。

　そのうち、「食費」において少し目を引くいくつかの点は、❶「肉・魚・卵乳製品類」がほとんど「ホルモン」、「ブリアラ」、「豚耳」といった安価な材料であったこと、❷「野菜類」の比率が他の項目のそれと比べとくに高かったこと、❸「調味料」に、日本の「赤味噌」と韓国の「コチュジャン」（＝고추장）が同時に見られたことであった。

そのうち、❶については、それらの食材は「値段も手ごろで」、また、「そのお味にはすでに慣れている」ため、K氏は「よく口にする」という (14)。いいかえれば、発育盛りに食べていた料理を彼女はいまもよく食べているのである。

　次いで、❷に関しては、K氏は、「もともと野菜が好きで、しかも、よく名古屋に訪ねてくるアドゥル（息子—引用者）に日本中でもっともおいしくて安全な（名古屋の—引用者）野菜を持たせる」ことによった。要は、その「野菜類」の比率の高さは、彼女が、野菜を好きであるだけでなく、息子の消費分も購入しているから

---

(13) 内訳は不明である。

(14) 彼女は、子供のとき、よく牛や豚の内臓をタレをつけて焼いて食べていたようである。在日の食生活については、大沼保昭・徐龍立編『在日韓国・朝鮮人と人権』有斐閣、1986年を参考にされたい。

であった。

そして、❸については、「生まれ故郷の料理」と韓国料理をともに日常食に取り入れているほかの在日コリアンと同じく、彼女もまた、「名古屋食」と「韓国食」をともにしているためであった。つまりは、「名古屋食」と「韓国食」の「ヤンニョム（＝「調味料」）」の、「赤味噌」と「コチュジャン」をともに使っているのである。

次に、「食費以外の支出」などにおいて重要な点は、❹K氏が「自分の家」を持たず、「賃貸」生活をしていることを示す「家賃」3万5,000円が見受けられることである。換言すれば、彼女は同年齢層の日本人とは異なり、借家生活から脱せずにおり、未だ自分の家を所有していないのである。ただし、これについては後に述べる。

つまるところ、在日コリアンの家計簿の内訳は以上の通りであるが、その中でも、傍点の部分については、本章の4節および5節でより詳しく論じよう。

3 なぜ在日の就職は厳しかったのか？

本節では、なぜK氏の夫を含め在日コリアンの就職はそこまで難しかったかについて述べよう。

実は、日本において、在日コリアンに対する就職差別は、「いつものこと」であった[15]。ある在日コリアンの述懐によれば、在

---

(15) 仲尾宏『Q&A 在日韓国・朝鮮人問題の基礎知識』明石書店、1997年、109頁などを参照されたい。

- 101 -

日コリアンは、初めから「パチンコ屋をやったり、宅建の免許を取ったりしたけど、妻子や親兄弟の面倒を見られる仕事はそう簡単に見つからんかった」(16)。その結果を端的に示すものが表6-2である(17)。同表によれば、飲食店、小売店主、行商、露天、再生資源卸売・回収、焼き肉店(18)と思われる「販売従事者」比率が非常に高い。ついで、生産工程従事者、単純労働者の比率が高い。しかも、こうした比率は、日本人の同種の職業比率と比べ、8～10％ほど

表6-2 「在日朝鮮人の職業」(1974年)

技術者	631	0.1%
教員	1,039	0.2%
医療・保健技術者	867	0.1%
宗教	274	0.0%
その他専門的職業従事者	667	0.1%
管理的職業従事者	4,797	0.8%
事務従事者	20,769	3.3%
貿易従事者	185	0.0%
古鉄・屑鉄売買	7,494	1.2%
その他販売従事者	23,099	3.6%
農業従事者	3,699	0.6%
漁業従事者	373	0.1%
採鉱・採石従事者	484	0.1%
運輸通信従事者	826	0.1%
建設従事者	10,815	1.7%
その他技能工・生産工程従事者	34,909	5.5%
単純労働者	16,921	2.6%
料理人	1,538	0.2%
理容・美容師	1,046	0.2%
娯楽場の接客員	795	0.1%
その他サービス業従事者	3,025	0.5%
自動車運転手	12,861	2.0%
芸術・芸能家	703	0.1%
文芸家・著述家	116	0.0%
記者	183	0.0%
科学研究家	401	0.1%
主婦	724	0.1%
学生・生徒	4,527	0.7%
無職	374,640	58.6%
分類不能	701	0.1%
記入なし	109,697	17.2%
計	638,806	100.0%

出典)樋口雄一『日本の朝鮮・韓国人』同成社、2002年、191頁(もとは、法務省『在留外国人統計』1974版)。

(16) 崔一権「焼肉に賭けた半生」小熊英二ほか『在日一世の記憶』集英社、2008年、496頁。
(17) 前掲『日本の朝鮮・韓国人』、190～191頁を大いに参考にした。
(18) 「在日朝鮮人経営と聞くと焼き肉屋を思い浮かべる…［中略］…少ない資本でやっていくにはこういった形態を取りやすいからである」(原尻英樹『在日朝鮮人の生活世界』弘文社、1988年)。

高くなっていたといわれる。

　つまり、在日コリアンは、初めから日本では定職につくことがなかなか難しかったうえに、彼らがやっと辿り着いた職とは、いわば、社会的に評価されない職業であったのである。一言でいうと、在日コリアンは、最初からいわゆる「就職差別」を受け続けていたのである。

　さらに、当時の在日コリアンに対する就職差別を窺わせるもう一つの事例を取り上げると、「日立就職差別裁判」がある。その詳細は、次の如くである[19]。

　　1951年愛知県生まれの朴鐘碩が、1970年に日立ソフトウェア工場の従業員募集を新聞広告で閲覧し応募した。履歴書の「氏名」欄には通名の「新井鐘司」、「本籍地」欄には出生地である「愛知県」を記入していた。後日、採用通知を受け取るが、戸籍謄本が取れないことを電話で話すと同時に朴さんが在日コリアンであることが日立側に発覚し、「一般外国人を雇わない」方針であり、「最初から本当のことを書いていたらこんなことにはならなかった」「迷惑したのはこっちの方だ」として朴さんを解雇する。周囲の支援運動により裁判を起こした朴さんは、1974年に全面勝訴し、1970年付けでの日立へ入社と未払い賃金及び慰謝料の全額支払いが認められた。判決では在日コリアンの歴史や就職差別状況などについても触れられ、日本の企業が在日コリアンを外国人であると

───────────

(19) http://www.taminzoku.com/info/908（具体ケース：「日立就職差別裁判」、2016年1月1日アクセス）、文化センター・アリラン『アリラン通信』No.54、2015年5月、16～17頁。

いう理由だけで不採用とすることの不当性と本人が通名を名
　　乗り本籍を隠した事情を認め、朴さんに対する解雇を「民族
　　差別」による「就職差別」であると認めた。

　以上のように、日本の会社は長い間、在日コリアンをなかなか
受け入れようともしてこなかった[20]。
　しかしながら、こうした差別は、いまも依然として続いている。
1995年の在日韓国・朝鮮人の職業を示す**表6-3**から明らかなように、在日コリアンの職業は、未だに社会的地位が高いとは到底いえない建設業、製造業、サービス業に集中している。樋口雄一の言葉を借りれば、「医師など特定業種を除いて公務員になれないことは現在でも変わらないし、銀行員、

表6-3 「在日韓国・朝鮮人の職業」(1995年)

農業	607	0.2%
林業	87	0.0%
漁業	66	0.0%
鉱業	338	0.1%
建設業	40,912	15.3%
製造業	47,281	17.7%
電気・ガス・熱供給・水道業	159	0.1%
運輸・通信業	13,851	5.2%
卸売・小売業・飲食店	79,889	30.0%
金融・保険業	10,731	4.0%
不動産業	7,264	2.7%
サービス業	60,172	22.6%
公務(他に分類されないもの)	258	0.1%
分類不能の産業	5,008	1.9%

出典)樋口雄一『日本の朝鮮・韓国人』同成社、2002年、200頁。

---

(20) 吉岡益雄編『在日朝鮮人の生活と人権』社会評論社、1980年、147頁。
① 「あるアンケート調査によれば、採用にあたって在日朝鮮人であることを問題にすると解答した企業は、全体の41.5%強であり、また、実態は採用を拒否していると推定される「本人次第」と回答した企業が37.7%であった」(在日朝鮮人の人権を守る会編『在日朝鮮人の基本的人権』二月社、1977年、382頁)。
② 「『うち(日本—引用者)の会社は、外国人は採らない。きみはすごくいいんだけど、日本人じゃないからね』と断る」(山田正昭ほか『歴史の中の「在日」』藤原書店、2005年、360〜361頁)。

百貨店なども就職例は少ない。弁護士試験に合格し弁護士として
活動している人もいるようにはなったが、韓国・朝鮮人名を名乗っ
た場合は相変わらず厳しい就業差別が続いてい」るのである。

　つまりは、事務従業員、専門・技術的従事者など一定の職種に
在日コリアンの広がりが見られることができるようになるなど、
定住化後のある程度の生活基盤ができつつあったのも事実である
が、にもかかわらず、在日コリアンへの就職差別は現在も継続し
ているのである。

　結論的にいえば、以上のような状況下、K氏の夫もまた、「一流
大学を卒業しても、ついこの間まで1流企業にはほとんど就職で
きな」[21]い状況に置かれていたのである。

4　なぜK氏の年金額は少額なのか

　本節では、K氏の年金はなぜそこま
で少ないのかについて明らかにしよう。
つまり、日本では、1959年4月に「国
民年金法」が制定され、1961年4月
から実施されたことによって、「国民皆
年金」はほぼ実現されている。にもか
かわらず、現在に至っても、在日コリ
アンの「無年金者」は約7割にも及ん

表6-4　在日コリアンの公的
年金の受給状況

85歳以上	15.2%
80-84歳	19.4%
75-79歳	20.0%
70-74歳	23.6%
65-69歳	43.4%
65歳以上	28.7%

出典）大阪府『在日外国人高
齢者保健福祉サービス利用
状況等調査』1997年。

でおり、また、年金受給者と言っても、在日コリアンの場合は、
その受給額はK氏と同じく、低い水準にとどまっている（表6-4

---

(21) 野間易通『「在日特権」の虚構』河出書房新社、2013年、101頁。

- 105 -

参照）。なぜなのか[22]。ただ、それを明らかにするためにはまず、年金システムを巡っての歴史背景ないし法律上の経緯へ目を向ける必要がある[23]。

戦後、日本においては、1959年4月に「国民年金法」が定められたが、同法第7条は、国民年金の被保険者を「日本国内に住所を有する20歳以上60歳未満の日本国民」と定めていた。その結果、在日コリアンは、その「国民年金」から除外されることとなった。

さらに、ベトナム難民の問題が発生した1975年以降は、国際社会の課題であった各国の難民受け入れにあたって、日本も難民条約第24条で外国人である難民にも自国民と同様の社会保障を適用しなければならない状況にあった。その後、アメリカの圧力によって、いわゆる「内国民待遇」の規定を備えている難民条約を「批准」する必要に迫られることとなった。そのため、日本は1982年1月1日、同条約に反する国民年金法の国籍条項を削除させざるを得ず、それによって、結果的に在日コリアンを含む外国人は国民年金へ「強制加入」させざるを得なくなった。

ところが、そうした「強制加入」以降も、多くの在日コリアンは実質的には国民年金から「除外」されることとなっていた。なぜなら、1982年1月1日時点、「60歳以上」、すなわち、「1926年4月1日以前」の出生者の場合、「20歳以上60歳未満」と

---

(22) それ以前から厚生年金や共済年金には在日も加入することができたが、実際には在日で一般企業に就職できるものは少なかった（前掲『「在日特権」の虚構』101頁）。

(23) 魁生由美子「大阪市生野区における福祉ネットワークの形成」『立命館産業社会論集』第41巻第1号、2005年6月、前掲『「在日特権」の虚構』、吉岡増雄編『在日朝鮮人の生活と人権：社会保障と民族差別』社会評論社、1980年を大いに参照した。

いう年齢要件を満たさないため加入することができない、また、1982年1月1日時点、「35歳以上60歳未満」、換言するならば、「1926年4月2日から1947年4月1日」の出生者の場合は、老齢年金の受給のための資格期間である25年を満たさないため、保険料を納めても老齢年金の受給資格が発生しないという措置が日本政府によってとられていたためであった。

　しかし、その後、そうした「措置」は少し改善されていく。たとえば、❶1961年4月1日から1982年1月1日（20年9カ月）までを25年の資格期間（いわゆる「カラ期間」）の一部として計算されることで、いわゆる「カラ期間」救済が、在日コリアンに対する救済措置としても援用されるようになり、また、❷60～65歳未満までが、国民年金への任意加入が認められるようにもなり、そして、❸かつての年齢25年間といった資格期間が21年から24年の範囲にと短縮されるようになったのである。

　けれども、❶の対象は結局「国籍取得者」（＝帰化者）もしくは「永住権」（＝永住資格）取得者と限られ、また、❷の場合、「カラ期間」救済を認めなかったので、その「実効性」はきわめて制限されてしまった。さらに、❸に関しては、その対象を1926年4月2日から1930年4月1日生まれの者のみにと制限したため、結局その措置による「恩恵」を受けられる在日コリアンはごく少数にとどまることとなった。

以上の結果として、在日コリアンの年金はきわめて低額、または「無年金」となってしまったのである(24)。言い換えれば、現時点において在日コリアンの高齢者の中で「制度的無年金者」(25)が大量に発生しているのは、以上のような法律上の経緯が絡んでいるのである。そうした中、Ｋ氏の年金もまた、毎月３万8,000円という少額にとどまっている。

5　なぜ彼女は帰化しなかったのか、そして、どうして彼女はまだ借家暮らしなのか

　ここまで述べたように、彼女はまだ「韓国籍」のままである。若いときは、在日コリアンへの差別があまりにも酷く、そのため、帰化することも考えたようであった。しかし、どうしても彼女は帰化する気にはならなかったという。なぜなら、まずは、「お父さんに申し訳ない気持ちが強かった」という。言い換えるならば、彼女は「生前やさしくて暖かかった」父親のことを考えると、「どうしてもお父さんから頂いた名前を捨てる」ことができなかった

---

(24) 厚生労働省年金局「厚生年金保険・国民年金事業の概況：平成25年度」2014年12月 http://www.mhlw.go.jp/topics/bukyoku/nenkin/nenkin/toukei/dl/h25a.pdf（2015年12月24日アクセス）。1997年時点で、公的年金または恩給を受給している日本人世帯は、65歳以上の者のいる世帯で96.5％にも達している。ちなみに、日本人の平均年金額は月額14万5,596円（男子：16万6,000円、女子：10万2,000円）である。

(25) そのため、在日コリアンの需給率はきわめて高い（韓国・朝鮮籍世代の割合は13％、日本人世代の割合は3％）。ただ、これは決して「特権」などではなく、やはり貧困問題の表れと考えたほうが正確であろう（前掲『ネットと愛国』、206頁）。ちなみに、生活保護受給者の97％は日本国籍である（http://blogos.com/article/40233/、2016年4月11日アクセス）。

という。

　そして、彼女が日本籍を取得しなかったもう一つの理由は、日本籍をとっても結局は帰化人としてしか扱われず、さらに在日社会からも弾き出され二重の差別で苦しむのが、帰化した人々の末路だからであった[26]。いわば、「今は違うけど、昔は帰化したとたん、帰化したその人は在日にすごく軽蔑された。しかも、帰化したって、書類（戸籍―引用者）にはそのまんま本名が残っているから、結局、朝鮮人（韓国人―引用者）バレバレ」という事情があったのである。

　結局、彼女はこれまで帰化することなく、いまは「特別永住権」という資格で日本に滞在している。

　では、ここで「特別永住権」という資格について若干触れよう[27]。同資格が決して「特権」ではないことを確かめるためでもある。

　周知のとおり、1910年の日韓併合により、朝鮮人は「日本国籍」となった。換言するならば、戦前の朝鮮半島などは、「大日本帝国」により植民地支配された「日本領土」であり、そのうえ、朝鮮人は「帝国臣民」とされていたのである。

　しかしながら、1945年、ポツダム宣言の受諾による日本敗戦により、在日の旧植民地ないし統合地の出身者が、1952年4月

第6章　在日コリアンの家計簿

---

(26)
①新井将敬は自殺直前、「古い友人に電話をいれ、『おまえは、まだ日本にいたのか。こんな国に執着するだけでなく、もっと大きい国での活躍も考えろ…［中略］…』と述べたようだ（朴一『〈在日〉という生き方』講談社、1999年）。
②だがたとえ帰化したとしても、日本人として認めようとしない人も多い。自殺した政治家の新井将敬氏も、出自について理由のない非難を浴びせられた。ソフトバンクの孫正義氏に対しても同様のことがある」（前掲『鶴橋安寧』、113頁）。
(27) 徐京植『在日朝鮮人ってどんなひと？』平凡社、2012年、田中宏『在日外国人 第3版―法の壁、心の壁』岩波新書、2013年を参考にされたい。

28日まで法律上日本国籍を保持していたことが問題の発端となった。

詳しく見ていくならば、1946年、GHQおよび日本政府は、植民地出身者を「日本国籍を保有するとみなされる」としたが、1947年には、最後のポツダム勅令である外国人登録令第11条により、「台湾人のうち内務大臣の定める者及び朝鮮人は、この勅令の適用については、当分の間、これを外国人とみなす」とされ、これにより、日本に居住する植民地出身者は外国人登録申請の義務が課せられた。

そして、1952年にサンフランシスコ講和条約が発効したことにより、日本が国家主権を回復すると、それと同時に日本領土の最終画定に伴う朝鮮の独立が「承認」された。これに伴い、日本政府は「朝鮮人は講和条約発効の日をもって日本国籍を喪失した外国人となる」という通達を出し、旧統合地出身者は名実共に日本国籍を「国籍を選択する余地なく失って（奪われて）しまった」のである[28]。

こうして日本国籍を失った在日韓国朝鮮人は「在留資格及び在留期間が決定されるまでの間、引き続き在留資格を有することなく本邦に在留することができる」とされた。

さらに、1965年、日韓基本条約締結に伴い締結された在日韓国人の法的地位（協定永住）について定めた日韓両国政府間の協定（日韓法的地位協定）に基づき、在日韓国人に「協定永住」という在留資格が認められた。

さらに、1991年には、入管特例法により、3代目以降にも同

---

[28] 西ドイツやフランスでは、旧植民地出身者が自ら国籍を選択することができた。

[29] 同時に、韓国人のみが対象となっていた協定永住が、朝鮮籍、台湾籍の永住者も合わせて特別永住許可として一本化された。

- 110 -

様の永住を許可することとなった[29]。

　つまるところ、在特会などの主張とは異なり、「特別永住」の「特別」とは、「旧植民地出身の元日本国籍者で戦後も引き続き日本に定住している人とその子孫」を対象にしたものであり、「一般の外国人とは歴史的な経緯や事情が異なるため、別扱いされる」ものであった。というわけで、K氏もまた、同資格で日本に滞在しているのである[30]。

　次いで、なぜ彼女は、借家生活をしているのか、またなぜ彼女は家を持っていないのかについて明らかにしたい。

　彼女によれば、その最大の理由は、「結婚後すぐご主人が亡くなった」からである。ただ、彼女が家を所有することができなかったもう一つの主な理由は、「在日の場合は、ローンがなかなか下りなかった」ためであった[31]。彼女の「若いとき」は、在日朝鮮人は、それに匹敵するだけの貯蓄をしていなければ、日本の銀行は融資をしなかったのである。その結果、彼女は結局家を所有することができなかったという。

　もう一言付け加えると、当時の在日コリアンへの住居差別はそれだけにとどまらなかったようである。彼女によると、「実は家を借りるときも相当、苦労し」たという（表6-5参照）。いわく、

表6-5　外国人の入居についての家主の意向（%）

入居を考えていない	44.5
条件が合えば入居させてもよい	35.4
行政支援がもらえば入居させてもよい	8.7
特に条件を設けていない	10.6
無回答	9.1

出典）閔寛植『在日韓国人の現状と未来』白帝社、1994年、176頁（もとは、東京都住宅局調査）。

(30) 前掲『ネットと愛国』、198 〜 199 頁。「引き受ける度量がないのであれば最初から植民地などつくるべきではなかったし、戦争に負けてもいけなかった。我が国はその両方について"失敗"したのだ。そこに生じるのはある意味、当然ではないかとも思うのである」。
(31) 前掲『在日朝鮮人の生活世界』、121 頁。

- 111 -

「(戦後も―引用者)、日本人は戦前と同様に、朝鮮人に家も土地も貸さなかったのである」[32]。

要するに、日本人の60歳以上の住宅の所有率が70%を超えているのに対し[33]、在日コリアンの住宅所有率は50%未満にとどまっている中[34]、彼女もまた「賃貸生活」から抜けられなかったのである。

おわりに

では次に、本章の検討により明らかになった点をまとめてみよう。

まず、在日コリアンの現況を確認すると共に、在日コリアンK氏の家計簿ならびにライフ・ヒストリーを通じて、食生活、年金、就職、帰化、住居などの在日コリアンの現況を窺うことができた。それにより、端的にいえば、「年金もない、就職もない」[35]といった在日コリアンの状況が未だに続いていることがわかった。

また、いうまでもないが、在日コリアンの「特権」に関する主張が俗にいう真っ赤なウソであることがわかった。たとえば、在日コリアンは、「年に600万円が支給される」、「働かなくても生活できる」、「各種税金や相続税を払わなくてよい」、「医療や光熱

---

(32) 前掲『日本の朝鮮・韓国人』、158頁、閔寛植『在日韓国人の現状と未来』白帝社、1994年、176頁。在日への住居差別はそれだけにとどまらなかった。彼女によると、「(戦後も―引用者)、日本人は戦前と同様に、朝鮮人に家も土地も貸さなかったので」、「実は家を借りるときも相当、苦労し」たという。

(33) http://www.stat.go.jp/data/jyutaku/2008/nihon/9_1.htm.

(34) 「民団」の内部資料による。

(35) 前掲『「在日特権」の虚構』、160頁。

費、家賃が無料」、「住宅費が５万円まで補助される」といった在
特会の主張が在日コリアンの現況には全くあてはまらなかったの
である。Ｋ氏の家計簿をみても、在特会の主張を裏付ける事実は
全く見られなかったのである。

第６章　在日コリアンの家計簿

第7章

なぜコリアンは
大久保に集まってくるのか？

はじめに

　本章の目的は、新大久保コリアンタウンの韓国料理店と他地域のそれとを比較することによって、「在日」の方向性・将来・可能性の一側面とも呼びうるコリアンタウンの未来像を垣間見るとともに、「在日企業」の日本経済とのかかわり合いを明らかにすることである。

　21世紀に入ってから、サッカーW杯の日韓開催、TVドラマ「冬のソナタ」、さらに、「宮廷女官チャングムの誓い」等のヒットをきっかけに、韓流ブームがはじまった。そして、この韓流ブームが追い風となり、新大久保は、日本最大のコリアンタウンに変貌し、現在は、サムギョプサル（삼겹살）やキムパップ（김밥）、サムゲタン（삼계탕）等のハングルのメニューや看板を掲げた韓国料理店が立ち並び、韓国食材の専門店まで軒を連ねるようになっ

た [1]。

　ところで、なぜ韓国料理店などはこの地域に集まるようになったのか。その理由および原因を追究するのが、本章の第一の課題である。

　詳述すると、このような「産業の地域集中化」は決して目新しいものではない [2]。事実、産業が集中化していく「源泉」は、経済学において、非常に重要な課題であるため、19世紀後半には既に注目を集めていた。例えば、1900年の米国国勢調査報告書には、このテーマによる素晴らしい論文が掲載されている。さらに、その後、アルフレッド・マーシャル（Alfred Marshall）は、こうした産業の地域集中化に対し、初めて経済学的分析を行い、これに関するかなり洗練されたモデルを思い描いて、その源泉の基礎（＝産業集積論）をまとめあげた [3]。マーシャルによると、地域集中化の源泉は、大きく三つ挙げられる。

　「第一に、同一産業の企業社数が一ヵ所に集中すると、それによってできる産業の中心地に特殊技能労働者が集まって労働市場を形作るようになる。この特殊技能労働者の市場は、労働者にも企業にも利益をもたらす」。「第二に、産業の中心地が形成されると、その産業に特化したさまざまな非貿易投入財が安価で提供されるようになる」。「最後に、産業が集中していれば情報の伝達も効率よくなるため、いわゆる技術の波及が即される」。

---

(1) 山谷哲夫『裏歌舞伎町まりあ横丁』現代書館、2013年、八田靖史『新大久保コリアンタウンガイド』晩声社、2009年。
(2) P.クルーグマン著、北村行伸ほか訳『脱「国境」の経済学』東洋経済新報社、1994年、49～50頁。
(3) アルフレッド・マーシャル著、馬場啓之助訳『経済学原理Ⅱ』東洋経済新報社、1966年、255～256頁。

しかし、それ以降、この問題提起は無視され、これに関するさらなる掘り下げが行われることは殆どなかった。具体的には、各産業毎のケーススタディーを通じて、マーシャルの研究成果はより磨かれる必要があったにもかかわらず、これに関する検討が殆どなされてこなかったのである。従って、本章では、産業の地域集中化の源泉といったその研究成果を一層強化し、さらに、同コリアンタウンの将来、または未来像を一見するという趣旨の下、韓国料理店の新大久保への集中化の源泉、すなわち、原因を明確にする。

一方、第二の課題は、韓国料理店といった在日企業の日本経済とのかかわり、もしくは寄与度を把握することである。事実、在日企業は、「韓国の国益のためだけに動いている」等といった否定的なイメージから、日本社会からの排除や収奪の対象として受け身的に描かれてきた側面が強い[4]。それゆえ、本章においては、韓国料理店への検証を加えることによって、同類の在日企業もまた、「日本企業」と同様に、ある意味において、日本の経済に寄与していることを確認したい。

以上の課題を達成するため、本章では、新宿区新大久保にある料理店のＡ食堂[5]の帳簿および運営状況と、新大久保以外の地域（以下Ｎ地域と称す）で営業をしているＢ食堂のそれらを比較する手法を採用する。この比較を通して、新大久保のＡ食堂が他地域におけるＢ食堂と比べ如何なる利点を持つのかを突き止めることによって、韓国料理店の新大久保への集中化の源泉を明らか

（4）山田正昭ほか『歴史の中の「在日」』藤原書店、2005 年、270 頁、安田浩一『ネットと愛国：在特会の「闇」を追いかけて』講談社、2012 年、189 頁。

（5）本章においては、情報提供者の要望に従い、店舗名、Ｂ店舗の場所、データの一部（表2の特殊文字）等は一切明かさない。

にする。さらに、Ａ食堂の経営かつ運営面におけるメリットを究明することによって、コリアンタウンのさらなる拡大が期待されることを明らかにしたい。

　本章の構成は次の通りである。まず１では、新大久保コリアンタウンに関して簡潔に紹介する。２では、Ａ食堂とＢ食堂における運営状況、ならびに帳簿の内訳を比較しつつ検証を行う。最後に、本章での検討を踏まえ、議論を総括する。

1　新大久保コリアンタウンの歴史

　本節では、新大久保コリアンタウンの形成発展過程に関して簡潔に述べよう（**図 7-1 参照**）。

　江戸時代まで下級武士が住んでいた新大久保地域に、外国人が住み始めたのは明治時代からである。当時、外国人村は現在の百人町２丁目付近にあり、大正初期には米国の宣教師、英国人、高等学校教師のドイツ人、外国語教師のスペイン人、中国人、朝鮮人、フィリピン人等様々な国の人が雑居していた[6]。

　戦後、連合国による占領が終わる 1952 年頃には、朝鮮戦争特需もあり、以前の生産施設は殆ど回復し、高い経済成長を成し遂げた。この時期日本最大の歓楽街である歌舞伎町も繁栄し、職安通りを挟んで反対側に位置する新大久保は歌舞伎町で働いた人々の居住地となり、そこで働いた韓国人も住み始めるようになった。

---

(6)　宣元錫「地域社会における多文化共生まちづくりへの挑戦：新宿区大久保地域の事例」一橋大学機関リポジトリ、2005 年、4 頁、山谷哲夫『裏歌舞伎町まりあ横丁』現代書館、2013 年、197 頁。

図7-1

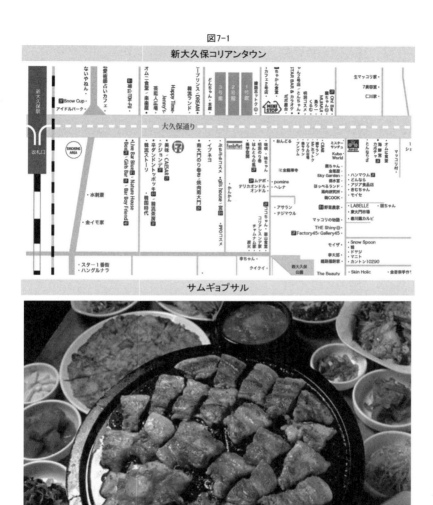

第7章 なぜコリアンは大久保に集まってくるのか？

出典）http://www.wowsokb.jp/map/（2016年4月11日アクセス）.

- 119 -

また、百人町や大久保地域には戦後から済州島の人たちが経営する GI [7] 相手の売春ホテル街が存在していたこと、大久保通りを挟んでできたロッテの工場が多くの在日韓国人社員を雇用したこと等から、新大久保地域に韓国人が集まり、初期のコリアンタウンが形成された。

　しかし、現在の新大久保コリアンタウンは構成員の殆どがニューカマー [8] であり、主要構成員が在日韓国人であるほかの韓国人街とは異なる特徴を持っている。新大久保に韓国人が本格的に集まり始めたのは、1980 年代の後半あたりからである。韓国では 1988 年ソウル・オリンピックを前後に、海外渡航制限が緩和され、それまでまばらだった日本への留学が本格化した。一方で日本経済の好況も相まって、さまざまなルートから出稼ぎ目的の来日が急増した。その韓国人がキムチを求め、また母国の情報を求めて集まった場所が新大久保だったのである。特に 1980 年代後半、新宿区の中でも大久保と百人町はバブルの影響をあまり受けず、古くからの住宅地と商店街が残り、他の地域より安い家賃が維持された。さらに、交通の利便性で、外国人が集まりやすかったことも理由の一つとして挙げられる。

　さらに、1990 年代から新大久保にはエスニックタウンが形成された。新大久保の外国人施設は、1980 年代までそれぞれの出身国の人のためにサービスを提供したが、1990 年代半ばからは日本人客を取り込み始めた。さらに 1990 年代後期になると新大久保はエスニックタウンと呼ばれるようになり、外国人経営者がわざわざ新大久保で商売を始めるようになった。この時代は職安

---

(7) 官給品（Government Issue:GI）の略で、アメリカ兵を意味する。
(8) 1980 年代以降に来日して在住した外国人を指す。

通りの方に韓国人が集まり、韓国の食材を販売する店や韓国料理店等が出現し、コリアンタウンと呼ばれるようになった。

　2000年代に入って、職安通りのコリアンタウンは韓流ブームに支えられ、大久保通りまで商業圏が拡大し、現在のコリアンタウンになった。1990年代まで多くの日本人は韓国に対して興味を持たなかったが、2002年に開催された日韓ワールドカップをきっかけに日本人の関心が高まった。その友好的な雰囲気の中で、2003年4月から9月にNHK BS2で放送された「冬のソナタ」が中高年の女性の間で人気となり、「韓流ブーム」が始まった。以後、何度も再放送された「冬のソナタ」の成功に影響を受けた日本のメディアは、韓流をビジネスとして積極的に展開し、次々と韓国のドラマを放送した。特に「冬のソナタ」を放送したNHK BS2が、2004年10月から翌年10月まで放送した「宮廷女官チャングムの誓い」は韓国料理をテーマとした時代劇ドラマで、これまで中高年の女性が主要消費者であった「韓流」の消費層を幅広い年代の女性から男性へと広げた。また、韓国料理への関心を高め、新大久保に多くの韓国料理店が増加する背景となった。韓国ドラマの成功後も、続々と日本に輸入されたK-POPや映画等の韓流コンテンツが流通し、新大久保には韓国の俳優やK-POPスターのグッズと彼らのファッションや化粧品を販売する店が多く現れた。

　韓流ブームがピークであった2011年、特に職安通りのドン・キホーテと大久保通りを結ぶ「イケメン通り」は、休日ともなれば3万人を越えるほどの通行者を記録するコリアンタウンの中心地となった。

　一方、2012年に李明博大統領が独島（日本名竹島）に上陸以来、

第7章　なぜコリアンは大久保に集まってくるのか？

それ以前に比べ韓流の人気は衰えてはいるものの、現在も新大久保は、韓国のポップカルチャーを消費する多くの日本人や外国人観光客が訪れる、日本の中の小さな韓国である。

2　A食堂とB食堂との比較分析

　本節では、A食堂とB食堂を紹介したのち、両者の比較分析を行おう。

　まず、情報提供者T氏が現在指揮をとっているA食堂（以下Aと略す）とB食堂（以下Bと略す）について若干触れると、AとBは各々、新大久保とN地域で営業をしている[9]。また、AとBの営業時間はそれぞれ、11:00〜3:00（16時間）と17:00〜3:00（10時間）である。Aの営業時間の方が、Bと比べ長い理由は、新大久保のAでは、ランチから営業を開始するためである。そして、Aのスタッフが【店長1人、料理人（＝주방 아줌마）1人、アルバイト8〜10人】からなるのに対し、Bは【店長1人、料理人1人、アルバイト5人】によって構成されている。BよりAのバイト数が多いのは、営業時間の長さによる。

　では、マーシャルの指摘している産業の地域集中化の「源泉論」（＝産業集積論）を踏まえ、T氏へのインタビューを基に、AとBを比較してみよう。

　まず、「人材獲得」の面からいうと、Bに比べAの方が「断然有利」である。なぜなら、「新大久保には、韓国人がたくさん住んでいる

---

(9)「」は情報提供者T氏のインタビュー内容そのままである。

表7-1 東京都の日本語学校

千代田区	3校	中央区	1校	港区	9校	新宿区	49校
文京区	6校	台東区	11校	墨田区	4校	江東区	5校
目黒区	3校	大田区	3校	世田谷区	2校	渋谷区	11校
中野区	5校	杉並区	4校	豊島区	12校	北区	7校
荒川区	4校	板橋区	5校	練馬区	1校	足立区	1校
葛飾区	4校	江戸川区	7校	八王子市	3校	武蔵野市	2校
三鷹市	1校	府中市	1校	町田市	1校	小平市	1校
日野市	2校	福生市	2校	清瀬市	1校		

出典）http://www.aikgroup.co.jp/j-school/japanese/area/section/tokyo.htm（2016年4月11日アクセス）.

から」、スタッフとなる人材が確保しやすいためである。

　冒頭で述べたように、産業の地域集中化の一因は、「特殊技能労働者」確保の容易さにある。ただ、韓国料理店といった第三次産業にとって、その特殊技能労働者とは、韓国語と日本語が同時に駆使でき、韓国人店長の指示、および日本人客のオーダーに素早く対応できる「韓国人留学生」と、本場の韓国料理が上手にできる韓国出身の料理人（＝한국인 주방 아줌마）に該当する。すなわち、韓国料理店の特殊技能労働者に当る韓国人留学生と韓国人料理人が同地域には多く居住しているので、それだけ店側にとって都合のよい働き手が見つかりやすいのである。さらにいえば、アルバイトとしては、特に日本語学校の学生生徒をよく使っているが、表7-1にみられるように、日本語学校の多くが新宿区にあるうえ、多くの生徒が住まいとしているのが、新大久保周辺だという。そのため、店側にとってなくてはならない留学生アルバイトを獲得することに、そこまで苦労することはほぼないという。

　さらに、店側としては、近所の留学生アルバイトを必ず採用せざるを得ない理由がもう一つある。

前述のように、お店の営業時間は朝3時までである。ただ、深夜のシフト（午前1〜3時）には、「バイトさんが体を壊さないように」と交代のかたちで「バイトさん」を入れている。しかし、同店の閉店時間だと、既に地下鉄・バス等の「帰宅手段」が全くなくなるため、近所に住んでいる「バイトさん」ではないと困るという。そのため、店としては、近所の「バイトさん」を採用せざるを得ないのである。

それに対し、「近所に住んでいる韓国人留学生があまりにも少ない」Bの場合は、そのバイト確保において一苦労（머리가 다 빠져 ...）しているようである。

つまり、人材確保の面において、新大久保に位置してあるAは、N地域におけるBより優れている。

次に、「特化したさまざまな非貿易投入財」の面に関して論じる。その結論を先取りすると、AとBは殆ど変わらない。

T氏の情報によれば、両者（＝AとB）ともに、お肉・野菜・その他の食材については、「徹底的に最高ランクの国内産（＝「日本産」）」にこだわっている。具体的には、店にとって最も主要な食材と呼べる、牛肉・豚肉・白菜・白米等は、日本の畜舎または農家と独占契約を結んで、運送料において「定額制」契約を交わしている日本の配達業者に配送を依頼している。その結果、いずれの店舗も材料費の比率は、同じく42%である（**表7-2参照**）。また、その他の「材料」（＝「投入材」）に対しては、新大久保にある韓国スーパーから仕入れている。ただ、そのスーパーは、「5000円以上注文時、配送料無料」といったサービスを行っているため、「大量注文」が殆どである二店舗の場合は、運送料をかけずに材料が同スーパーから調達されている。

表7-2 帳簿の内訳（月平均、単位：円）

区別		A店舗（新）	B店舗（N地域）
売り上げ		♛	♛ − 5,000,000
支出	材料費	♛ ＊ 0.42	（♛ − 5,000,000）＊ 0.42
	賃料	♟	♟ ＋ 12,000
	料理人給料	♝	♝ − 130,000
	店長給料	♜	♜
	バイト給料	♣	♣ − 260,000
	水道光熱費	♪	♪ − 118,000
	通信費	♥	♥
	消耗品費	✈	✈ − 90,000
	その他	☆	☆ − 20,000
利益		☺ ＋ 1,938,000	☺

出典）A店舗『帳簿』；B店舗『帳簿』により作成。

注）①情報提供者の要請により、千円未満を切り捨てした部分有り；②税金を含まず。

　つまり、材料費の面からすれば、両者の違いは全く見受けられないのであるが、これは、「その産業に特化したさまざまな非貿易投入財が安価で提供されるようになる」といったマーシャルの捉え方が、韓国料理店にはあまりあてはまらないことを示唆する。

　次いで、「情報の伝達」の面に対しては、韓国料理店の新大久保への集中化は、役に立つところがある。すなわち、新大久保における店の間では、主に韓国人を主要メンバーとする「集まり」（술자리）およびネットワーク（입소문）を通じて、情報交流が頻繁に行われている。その中で、店側からして最も重視される情報は、客の「好み」の変化、さらには、新大久保の韓国ビジネスにとって最も脅威となっている在特会のデモ日に当る（デモの日は、ときには売り上げが他の日と比べ10分の1にまで落ちてしまう場合もあるらしい）。ただし、T氏によれば、マーシャルが述べたように、「技術の波及」のような現象はあまり「浮かびだせない（＝

見受けられない）」という。

　つまりは、韓国料理店の新大久保への集中化は、在特会といった「毒素（＝危険要素）」ならびに客の嗜好の情報の伝達の面においては確かに有用であるといえるが、マーシャルが指摘したような、技術の波及的な側面に対しては、それほどの波及効果はみられなかったのである。

　以上を総括すると、韓国料理店の集中化は、非貿易投入財の面においては、それほどの有用性が見受けられなかったものの、人材獲得および情報の伝達の面からすれば、確かに肯定的効果があるのである。

　しかし、Ｔ氏によると、Ａのような韓国食堂業の新大久保での商いにおける最大のメリットは、人材獲得および情報の伝達における肯定的側面ではないという。その最大のメリットは、「何といっても、売上げの桁違い（＝差）」にある。すなわち、本章の課題に照らすと、マーシャルが産業の地域集中化の「源泉」として取り上げなかった売上げが、最大の源泉もしくは理由となっている。それを端的に示すものが、ＡとＢの帳簿を整理した表２である。同表について少し説明を加えると、賃料においては、両者がほぼ同額で、料理人給料・アルバイト給料・水道光熱費・消耗品・その他の費用においては、ＡがＢを上回っている。それは、Ａの営業時間がＢより長いからに他ならないが、このように、Ａの営業時間がＢと比べ６時間も長いのは、「午前中にもＡに訪れてくるお客さま」が多いからである。Ｔ氏から得られた情報によれば、遅くとも開店前の10時半には既に客が店の前に行列をつくっているという。しかも、「新大久保を訪れるお客さまは新大久保をいわゆる『観光スポット』と認識していることもあるのか」、「使う

お金が違う」らしい。換言するならば、Ａにおける一人当たり客単価は、Ｂのそれを「1000円以上」も上回っているという。

　つまり、Ａの場合、客数がはるかに多く、しかも、客単価も高いため、Ｂと比較して高い売上げを維持しているのである。そして、その結果として、Ａの利益はＢのそれよりも、「税金すべてを引いても100万円以上も利益が高い（돈이 남아）」とのことであった。

　以上を整理すると、ＡとＢとの比較検討によれば、人材確保の容易さ、情報獲得のやすさ、売上高・利益高が、韓国食堂業の新大久保への集中化における要因として働いているといえる。

おわりに

　では、本章の検討により明らかになった点をまとめてみよう。

　第一に、韓国料理店の新大久保への集中化（＝地域集中化）の「源泉」およびコリアンタウンの未来像を把握する一助を得た。具体的には、マーシャルが述べたように、容易に「人材」と「情報」を得られるということは、同業の集中化においても、確かに源泉といえるものであった。他方で、同氏の理論とは異なり、「情報の波及」は見当たらず、さらに、同氏によって源泉として挙げられることのなかった「売上・収益」に関する利点、すなわち、売上・利益の高さが、同業においては、最も重要な集中化の源泉として作用していることがわかった。さらに、そうしたメリットを有する新大久保は、これからもさらに拡大する可能性が高い。言い換えれば、他地域と比べ、以上のような利点を持つ新大久保には、これからもより多くの韓国料理店が集まってくるとみられる。端

的に言えば、日本最大のコリアンタウンはさらなる成長を成し遂げることが期待される。

　第二に、韓国食堂業といった在日企業の日本経済との関連性を捉えることができた。韓国食堂業は、「韓国の国益のためだけに動いている」わけではなく、日本経済に資することがわかった。上記では詳細は触れなかったが、Aを確認したところ、韓国料理店は、営業を通じて得られた利益をもって、「日本の大家さん」に賃料を支払っており、また、主要食材の調達先を日本国内の畜舎または農家にし、さらに、その運送においても日本の運送業者を利用しているのである。つまり、在日企業もまた、日本企業と同様に日本の経済に貢献しているのである。

第 8 章

在日企業家像：
パチンコを変えた男 韓 裕

はじめに

　「在日企業」の産業経済史において、在日コリアンと密接な関係を持つパチンコ産業に関する研究はこれまでさほどの進展を見なかった。実は、「極めて日本的レジャー」[1] であるパチンコ産業への分析、すなわちパチンコ産業史研究は、近年の史的研究の一方向である「モノ史」や「商品史」に貢献できるにもかかわらず[2]、同産業が「強い偏見」、換言すれば、「パチンコビジネスに対して良い印象よりも、むしろ悪い印象をお持ちの方が多い」[3] ことから、これまで疎かにされてきた。例えば、本章本章が研究対象とする、パチンコ業界のトップ企業である「在日企業」のマルハン

---

(1) 竹内宏「パチンコ vs インベイダー」『世界』404 号、1979 年 7 月、307 頁。
(2) 鍛冶博之『パチンコホール企業改革の研究』文眞堂、2015 年、4 頁。
(3) 奥野倫充『マルハンはなぜ、トップ企業になったか？』ビジネス社、2006 年、1 頁。

の関連研究も全く存在しない。具体的にパチンコ産業に関する研究成果は、いまのところ、①鍛冶博之『パチンコホール企業改革の研究』(4)と、②韓載香『「在日企業」の産業経済史：その社会的基盤とダイナミズム』(5)の二点しか見受けられない。前者は、「パチンコ業界のイメージ向上と『業界健全化』の実現に向けた全体的活動の中でも、特に1980年代以降にパチンコホール企業が展開するようになった諸改革の実態を明らかにし、その具体的内容、史的展開、実施背景、成果、課題を分析する」(6)ことを目的とするものである。また、後者は、「在日韓国朝鮮人社会のなかに存在するコミュニティの実態解明手段のひとつとして、パチンコ産業に着目した」ものである。

　加えて、パチンコ産業関連研究については、次のような「研究課題」が指摘されている(7)。

①「個別企業分析の展開である。しかしホール企業改革への取組み内容が、個々のホール企業によって異なることは容易に想像される。本書では第9章でホール企業改革を実践する典型的事例として株式会社ダイナムを取り上げたが、今後は規模の大小にかかわらず、より多くの個別ホール企業を事例として取り上げ、それが実践する経営改革の内容を精査する必要がある」（傍点は筆者による、以下同じ）。

②「またこうした研究の過程で、個々のホール企業経営者による

---

(4) 前掲『パチンコホール企業改革の研究』参照。
(5) 韓載香『「在日企業」の産業経済史—その社会的基盤とダイナミズム』名古屋大学出版会、2010年。
(6) 前掲『パチンコホール企業改革の研究』、1頁。
(7) 同上、386頁。

諸活動（例えば、経営者のライフヒストリーと、彼を取り巻く準拠集団や関係集団の存在など）にも注目する必要もあるだろう。…［中略］…しかし今日でもホール企業経営者の大多数が在日コリアンであり、パチンコがエスニック産業の代表的存在であるという事実は無視できない。今後の研究では、このこととホール企業改革との関係についても考察を深める必要がある」。

したがって、本章では、これまで十分な分析がなされてきたとは言い難い「個別企業」のマルハンを対象にしたうえ、同社成長の最大の貢献者と言える「企業経営者」の韓裕による同社の「進化」(8)に対する検証を行いたい。

本章がマルハンに注目した理由は、2013年において、全体市場規模が65兆2160億円であるレジャー市場の約29%（18兆8180億円）を占める巨大産業(9)、言い換えるならば、「日本の自動車産業の倍、国家予算の半分ぐらいを占めている」「一八兆円産業」(10)であるパチンコ業界の中でも、同社がトップ企業であることに加え、同社が最も代表的な「在日企業」であるためである（**表8-1およ び表8-2 参照**）。

表8-1　2013年における娯楽部門（単位：億円）

娯楽部門	
パチンコ・パチスロ	188,180
麻雀ゲーム料	560
ゲームセンター・ゲームコーナー	4,430
テレビゲーム・ゲームソフト	4,430
中央競馬	24,050
地方競馬	3,540
競輪	6,090
競艇	9,430
オートレース	700
宝くじ	9,450
外食	128,820
喫茶店・酒場・バー等	47,140
カラオケボックス	3,960

出典）日本生産性本部偏『レジャー白書2014』日本生産性本部、2014年、116-117頁。

---

(8) 前掲『マルハンはなぜ、トップ企業になったか？』、1頁。
(9) 前掲『パチンコホール企業改革の研究』、3頁。
(10) パチンコ産業取材班「現代パチンコ王『マルハン』の渋谷戦略」『エコノミスト』74 (17)、1996年4月、82頁。

表8-2 所得ランキング上位100位内の在日企業・パチンコホール

順位	社名
1	㈱マルハン
13	平川商事
27	キング観光
31	北大
35	東栄商事
36	仙台観光
49	㈱ユーコー
51	㈱国際会館
64	㈱有楽
71	㈱有馬
77	羽柴観光
79	ジェイ商事
81	㈱富士観光
86	㈲北上文化
88	㈱グランド商事
90	㈱三栄
93	㈱第一実業

出典）韓載香『「在日企業」の産業経済史』名古屋大学出版会、2010年。

注）①2005年；②分類：遊技場。

そこで、本章では、1950年代には、その長期的発展が「予測不可能」で、ギャンブル性も高いため、伸びていくとは考えにくい状況に置かれていたパチンコ産業を、「1983年11店舗、87年15店舗、89年24店舗、2005年166店舗と成長をし続け」、「現在は『極めて日本的レジャー』」[11] にまで成長していった「在日企業」である同社、およびパチンコ産業を日本の代表的なサービス業へと変貌させ、さらに図8-1のように日本のさまざまな業界へ大きな波及効果をもたらした同社の韓裕を検討する。これにより、パチンコ産業における「研究課題」が多少なりとも充たされるとともに、「在日企業」の日本経済への貢献が確認できる。

1 先駆者：韓昌祐

本章では、マルハンにおける最大の貢献者と呼べる韓裕を論じるに先立ち、その前提として先代の韓昌祐ならびに韓昌祐時代のマルハンについて若干触れよう [12]。

---

(11) 前掲「パチンコ vs インベイダー」、307頁。
(12) 韓昌祐『十六歳漂流難民から始まった2兆円企業』出版文化社、2008年、300頁、韓昌祐・坂中英徳「日本国籍を取得し、政治参画の道を選べ」『中央公論』122（6）、2007年6月、166～173頁、伊丹敬之ほか『日本の企業システム第二期』第1巻、有斐閣、2006年、466頁。

図8-1 韓裕

出典）http://photozou.jp/photo/list/177807/501232（2017年1月25日アクセス）.

　韓昌祐は、1931年2月15日に韓国慶尚南道の三千浦に生まれ、1953年に法政大学を卒業した。だが、卒業しても、「朝鮮人」ということで誰も雇ってくれなかったので[13]、京都府峰山町で義兄が経営するパチンコ店「千波」の手伝いを始める。その後、帰国することとなった義兄から「千波」を譲り受け、「深夜、店を閉めて売り上げを計算して、釘の調整を独学で研究し」[14]ながら、同店を営んでいく。1957年には、名曲喫茶「るーちぇ」を、その後パチンコ店「峰山カジノ店」、レストラン「ルーチェ」、ボウリング場を開店した。さらに、1972年には、西原産業株式会社（以降、西原産業と呼称）を設立するに至る。このように、彼のビジネスは順風満帆に成長した。

---

[13] 前掲『マルハンはなぜ、トップ企業になったか？』、177頁。
[14] 前掲『十六歳漂流難民から始まった2兆円企業』、56頁。

ところが、西原産業設立直後、ボウリング場経営に失敗し、「当時、42歳で負債60億円をかかえ」るなど、「人生最大の試練」を経験することとなる。60億円の負債は「今の金額に直すと、約2,000億」に該当し「2店舗しかなかったあの時、それを返す自信はな」かった。そのため、「1974年当時、約60億円の負債を抱え」、自殺や不渡りも考えるが、「逃げて出直す（不渡り）というのは卑怯すぎる」(15) と思い直し、「家族への思いと日本人の励まし」で「一念発起」することを決心した (16)。そして、「パチンコ事業の利点は現金が入るので資金のやりくりが計画できること」であるから、「パチンコ事業に戻ったほうが借金を早くきちんと返済できると判断」したのである (17)。

　とはいえ、当時、「ボウリングで失敗しているので銀行は、見向きもしてくれ」ず、また、「資金がないので、静岡の『ボウルアピア』の一角に掘っ立て小屋のような300台の店舗を作り」、1973年8月より営業を再開した (18)。その後、「毎月、2,000万円から3,000万円のお金が足りなかった」にもかかわらず、何とか「艱難辛苦」のすえ (19)、「奇跡的な再起」を果たした (20)。その後、マルハン（1999年社名変更）をパチンコ業界のリーディングカンパニーへと育てあげた (21)。既述の如く、「1983年11店舗、87年15店舗、89年24店舗、2005年166店舗と成長をし続け」るのである（**表8-3参照**）。

---

(15) 前掲『マルハンはなぜ、トップ企業になったか?』、173頁。
(16) 前掲「日本国籍を取得し、政治参画の道を選べ」、166頁。
(17) 韓昌祐「心にムチ打って働いてきた」『販売革新』48 (7)、2010年7月、17頁。
(18) 同上、17頁。
(19) 前掲『十六歳漂流難民から始まった2兆円企業』、124頁、前掲「心にムチ打って働いてきた」、17頁。
(20) 前掲「日本国籍を取得し、政治参画の道を選べ」、166頁。
(21) 前掲『十六歳漂流難民から始まった2兆円企業』、300頁。

表8-3　マルハンの売上などの推移（単位：100万円、店、台、名）

年	資本金	売上高	店舗数	一店舗当り売上	経常利益	機械台数	社員数	パート・アルバイト数	従業員合計
1973	75	781	1	781	-356	-	142	N/A	142
1974	75	1,055	1	1,055	-620	-	99	N/A	99
1975	75	1,156	2	578	-265	-	115	N/A	115
1976	75	2,363	4	591	-38	-	-	N/A	-
1977	75	2,487	5	497	-61	-	155	N/A	155
1978	75	3,017	5	603	507	-	152	N/A	152
1979	75	3,215	5	643	71	-	156	N/A	156
1980	75	3,217	5	643	-66	-	-	N/A	-
1981	75	5,089	5	1,018	366	-	193	N/A	193
1982	75	8,990	5	1,798	997	-	184	N/A	184
1983	75	14,117	6	2,353	597	-	297	N/A	297
1984	80	19,621	9	2,180	214	-	350	N/A	350
1985	80	19,033	9	2,115	373	-	403	N/A	403
1986	80	30,980	11	2,816	335	-	357	N/A	357
1987	80	42,756	14	3,054	966	-	437	N/A	437
1988	80	55,820	17	3,284	2,110	-	415	N/A	415
1989	80	59,486	23	2,586	1,926	-	527	N/A	527
1990	80	87,575	28	3,128	364	-	618	N/A	618
1991	80	114,159	32	3,567	978	-	807	N/A	807
1992	80	133,518	37	3,609	2,128	-	841	N/A	841
1993	80	135,570	37	3,664	3,583	-	841	N/A	841
1994	80	143,958	37	3,891	3,707	-	896	N/A	896
1995	182.5	159,747	39	4,096	3,733	-	1,078	N/A	1,078
1996	182.5	186,587	44	4,241	5,565	-	1,259	N/A	1,259
1997	393	168,510	48	3,511	3,699	17,607	1,184	808	1,992
1998	393	200,306	50	4,006	7,040	18,398	1,132	1,479	2,611
1999	393	238,625	59	4,044	5,799	22,990	1,302	1,582	2,884
2000	393	289,737	66	4,390	5,856	26,777	1,426	1,586	3,012
2001	393	389,978	85	4,588	8,549	35,992	1,515	1,868	3,383
2002	393	575,886	113	5,096	8,111	50,023	1,961	2,634	4,595
2003	393	-	121	3,003	6,363	56,659	2,048	3,086	5,134
2004	393	928,123	140	6,629	20,586	69,478	2,334	2,981	5,315
2005	393	1,277,832	166	7,698	21,482	85,123	2,748	4,555	7,303
2006	10,000	1,639,939	186	8,817	26,891	101,747	2,888	5,540	8,428
2007	10,000	1,815,000	-	-	32,300	-	-	-	-
2008	-	1,838,100	-	-	34,000	-	-	-	-
2009	-	2,055,900	-	-	49,700	-	-	-	-
2010	-	2,120,900	-	-	55,400	-	-	-	-
2011	-	2,038,943	-	-	48,799	-	-	-	-
2012	-	2,079,176	-	-	52,100	-	-	-	-
2013	-	2,136,864	-	-	42,414	-	-	-	-
2014	-	2,099,031	-	-	59,028	-	4,993	8,236	13,229

出典）奥野倫充『マルハンはなぜ、トップ企業になったか？』ビジネス社、2006年、58、79頁；佐藤仁『続・パチンコの経済学』東洋経済新報社、2010年、017頁；東洋経済新報社『四季報：未上場会社版』2014年下期、東洋経済新報社、2014年4月10日、208頁；同『四季報：未上場会社版』2015年下期、東洋経済新報社、2015年4月10日、203頁；㈱マルハン『マルハン挑戦の50年』出版文化社、2007年、230-233頁。

2　第二の飛躍：韓裕の登場

　既述したとおり、韓昌祐は、一代でマルハンを業界トップに君臨させるまでに至った。

　しかしながら、同社、他社を問わず、当時におけるパチンコ業界の実際の姿は、現在の最も代表的な「日本的なサービス業」とはあまりにも程遠いものであった。例えば、①「この当時（1990年代前半―引用者）、パチンコ店員の社会的地位は、相当に低いものでした。一階にパチンコホール、二階は社員寮という形態が圧倒的に多く、いわゆる『住み込み可』という『慣行』が根付いており、着の身着のまま紙袋ひとつで現れた人間にも働ける環境が用意されていました。そこには学歴差別も年齢差別もなく、また国籍も関係ない。近隣に指名手配者の存在を知ると、警察は必ずパチンコ店に来ると噂されるほど荒れた状態でした。そんな状況であるわがパチンコ店に接客サービスなど、期待できるはずもありません」[22]、②「お客さまはいつの間に来て、いつの間に帰っていく。店長は従業員を見張るだけ。従業員はお客さまがインチキをしないように見張るだけ。従業員はみなパンチパーマ。タバコを吸いながら仕事をしている。流れてくるのは軍艦マーチ」[23]、③「パンチパーマにサングラスをかけたスタッフが、客を客とも思わない態度でこちらを睨みつけてくる」[24] といった状況であっ

---

(22) 熊沢修『紳士熟女にパチンコを』㈱ロコモーションパブリッシング、2005年、21頁。
(23) 熊沢修「『真のCS経営』実現」『先見経済』47（11）、2002年11月、36頁。
(24) 韓裕「父が始めたパチンコ店を二兆円企業へ」『在日二世の記憶』集英社、2016年、648頁。

たのである（傍点は引用者による、以下同じ）。

　こうした状況で、同業界が「真のサービス業」への脱皮を成し遂げるためには、さらなる躍進が必要不可欠であった。まさにそのとき、同社に新しいリーダーが登場する。韓裕である。彼こそが、その後業界をサービス業へと前進させる人物であった（**図8-1参照**）。

　韓裕は、1990年3月に入社すると、程なく、「自分で企画室という部署を立ち上げ」たことに加え、「店舗の現場を回り、マルハンの改革すべき問題点を見つけていった」[(25)]。そして、彼は、「何よりも従業員の教育制度が課題」であることに気付き、すぐさま「人材育成」へ取り組んだ[(26)]。

　だが、既に述べた如く、「1990年代の初め、新卒でパチンコ業界に入ろうと思うような優秀な人材はいなかった」。そのため、彼はとりあえず、彼の母校である「法政大学の後輩で、他社のエリート社員を口説いて、…5人の精鋭を集め」、そこで、「新しいモデル店を作り、…［中略］…モデル店を通して、人材を育てていく環境を整備」しようと、「改革」の「モデル店」として、地方の平均的な一店舗だった「マルハン草薙アピア店」を選び、そのうえ、「まずはこの店で働いていた古いマルハンの従業員を全員移動させて、空っぽにした。そこに裕は、精鋭五人とともに乗り込んでいった」[(27)]。

---

(25) 前掲『十六歳漂流難民から始まった2兆円企業』、218頁。
(26) 前掲『マルハンはなぜ、トップ企業になったか？』、92頁、同上、217～218頁。
(27) 前掲『十六歳漂流難民から始まった2兆円企業』、217～219頁、「創業約半世紀で業界トップの売上高1兆円企業を達成」『財界にっぽん』37(5)、2005年5月、50頁、須藤みやび「転換期を迎えたパチンコホール」『SERIピックス』960号、静岡経済研究所、2007年9月15日、1～5頁、前掲「父が始めたパチンコ店を二兆円企業へ」、649頁。

そして、①「そのころ、マルハンの社員は、朝から晩まで交代なしで働」く、また②「どんなパチンコ店でも、一店舗20人から30人の人数は必要」という当時の慣例を破り、「モデル店では、早番、遅番の二交代制で進め、様子をみながら三交代制に移行する」、「見習いを終えたばかりの5人と地元で採用した女性アルバイトのみを投入する」という「大胆」な計画を彼は仕立てた。こうして、1992年4月15日を境にがらりと従業員が入れ替わった同店は開業した。

その際、「驚いたのは、お客さまのほうだ」ったという。「いつものパンチパーマの男性従業員が姿を消している」。「いらっしゃいませ！」、「ありがとうございます！」と、ホールでは見たこともない若い女性アルバイトが、笑顔で頭を下げる。その姿に、「お客さまは明らかに戸惑っていたという」[28]。

同時に、同店では、「夏、半袖を着て刺青をあらわにした客さまがくれば、『他のお客さまに迷惑がかかります。隠して下さい』と毅然とした態度でいう。台を叩く客にも『やめてください』という。他のお客さまに迷惑な行為をする者には真っ向から立ち向かっていった。それでも聞き入れてくれない場合は、『もうこないでください』と勇気をもって言」[29]うような、かつてとは異なる新たな「やり方」で、接客を行っていった。

要するに、韓裕は、おそらく同モデル店を通じて、①優秀な人材育成、②新たな接客サービスの模索といった「一石二鳥」を追及していたとみられる。

---

(28) 同上、222頁、前掲「創業約半世紀で業界トップの売上高1兆円企業を達成」、51頁。
(29) 前掲「『真のCS経営』実現」、25頁。

加えて、韓裕は、「新しい人材の募集」にも力を入れていく [30]。

　「そのころパチンコ店の求人といえばスポーツ新聞の求人欄が頼みの網だった」が、「連絡が入っていざ面接をしてみると、ボストンバックを手にした流れ者みたいな人材しか集まらないのが実態だった」。そこで、彼は、「リクルートの求人誌『B-ing』で見聞き2ページの募集記事を掲載すれば、一週の掲載で15〜30人が面接に集まる。そのうちから5人が採用できる。もしも三週連続で掲載すれば、15人が採用できる。うまくいけば、30人が採用できるかもしれないと読」み、果敢にも、「一週300万円、三週で900万円」ともなる求人広告を出した。だが、そのように「大々的な広告を打ち、準備万端で臨んだ企業説明会」であったにもかかわらず、「初回の参加メンバーはたったの4人」であった [31]。そのため、裕は、神戸市の「マルハン森友店」で、大学4年生を対象に豪華景品付き「学生パチンコ大会」というイベントを打ち上げたりすることで、1993年3月末には初の大学新卒第1期生13人を迎えることに成功する。

　事実、このように優秀な人材育成・募集および新たな接客サービスの模索を試みていた間、韓裕のマルハンは、全く新しい店舗を出店しなかった。いわば、「このころの3年は、社内改革のための人材教育等に集中した時期であった」のである。

　しかし、そのように「時期を待っていた」韓裕は、期が熟したと判断すると、一気に「社内改革のモデル店『草薙アピア店』で

---

(30) 前掲『十六歳漂流難民から始まった2兆円企業』、224〜225頁、「すべてが "イズム" の体現につながるマルハン流『人財』づくりの徹底度」『販売革新』48 (7)、2010年7月、65〜66頁。

(31) 前掲『マルハンはなぜ、トップ企業になったか？』、33頁。

育った精鋭たち」を、「1年半から2年ぐらいの短いキャリアを経て、他店の店長に抜擢され巣立」つようにした。同時に、「店長に抜擢された精鋭たちの店舗は、モデル店と同じように従業員を総入れ替えした」[32]。

そして、「新店長の抜擢、店舗のリニューアル、そして古いタイプの店長の退職。それは想像するよりも速いスピードで、マルハンに地殻変動を起してい」った。その結果、同社は「パチンコ店の古い体質を脱皮していく」[33] ことに成功したのであった。

3 上洛:「渋谷戦略」

韓裕は、「新しいパチンコ店」を目指した、先述の「社内改革」を進めながら、「これからパチンコ界のリーディングカンパニーとして、全国展開」するという[34]、新たな提案を打ち出しもした[35]。「ぜひ東京に進出したいと思い」、「50億円のプロジェクト」、「渋谷戦略」を掲げたのである。

彼が、そういった「常識破りの渋谷パチンコタワー」を「発案」したのは、東京渋谷にマルハンパチンコタワーを建てることによって、マルハンの知名度を全国的にアップさせるためであった[36]。

そのうえ、彼は、一階に店舗がなく、「ビルの二階から三階、四

(32) 前掲『十六歳漂流難民から始まった2兆円企業』、225頁。
(33) 同上、225 ～ 228頁。
(34) 同上、232頁。
(35) 同上、215、228頁、前掲「現代パチンコ王『マルハン』の渋谷戦略」、81頁。
(36) 前掲『十六歳漂流難民から始まった2兆円企業』、232頁。

図8-2 「平成7年7月7日 オープン時のMPT渋谷」

出典）マルハンホームページ。

階、五階、六階という多層階の店舗にする」「空中店舗」という「パチンコ業界の常識はずれ」の構想下、同タワーを建て、そこに「国内最大級」の1,090台のパチンコ台、スロットマシーンを設置した[37]。

そして、新店長には、「マルハン草薙アピア店」のモデル店からマルハン人生をスタートさせ、関西でモデル店第一号、また神戸でもモデル店を立ち上げ、渋谷のマルハンパチンコタワー初代店長に昇格した松田昌益が、抜擢された[38]（**図8-2 参照**）。

そのうえ、「幕を開けると、初日の午前7時に約1,500人が行

---

(37) 同上、230頁。
(38) 同上、231頁。

列を作」り、「オープン当日の入場者だけでも1万5,000人を越え」、「オープン三日間で、のべ2万4,000人が来店するという異常な熱気に包まれていた」。

　なかでも驚いたのは、女性客が全体の約40%を占めていたことであった。カラフルな広いフロア・女性だけが打てるコーナーがある。また、いかにも渋谷らしいアベックが並んで打てるペア・シートがある。

　ヘッドフォンで好きな音楽を聴きながら打てる台、テレビを見ながら打てる台もある。それに加え店内各階で、女性店員の柔らかな接客マナーも目をひいた。女性顧客が入りやすい雰囲気が十分に醸し出されていた。

　それに加えて、パチンコ店にとって生命線だったパチンコ台の出玉情報の開示。そして、店員のサービス、接客の態度など。そのすべてが斬新で、パチンコ業界の常識を完璧に打ち破るものだった。

　渋谷のマルハンパチンコタワーは、初年度でパチンコ台の稼働率平均80%、売上げ210億円といった驚異的な数字をはじきだした。またで、「パチンコ業界はじまって以来の多層階の斬新な店舗」という理由から、日本経済新聞から「95年優秀先端事業所賞」を受賞する[39]。

　以上のように、韓裕は、渋谷のマルハンパチンコタワーの具現化を通じて、「当時のパチンコ店ではまだ珍しかった多層階の空中店舗、カラフルな店内といった設定、女性専用コーナー・カップル専用ペア・シートの導入、大当り情報の開示など、それまでのパチンコ店のイメージを覆す『パチンコ新時代のシンボル』を誕

---

(39) 同上、245～246頁。

- 142 -

生」させることで、パチンコ産業の地位をより一層昇格させたのである。

4 逆転そして反撃

マルハンパチンコタワーは一見「成功」であった。「彼の当初の意図通りに、同タワーは当社の起爆剤になった」(40)のである。だが、実際は、「資本投下の観点でいうと効率的な仕事でなかった」。その後、韓裕は、「渋谷店以降、ぼくは一店舗に10億円以上かけない方針」を固めるが、その背景には、ダイナムという同社にとっての最大のライバル企業の存在があった(41)。

詳述すると、1990年代に入って、マルハンが「一番」に急浮上し、それをダイナムが追うというパチンコホール業界の勢力図が形成されていた。例えば、「1995年に、渋谷にマルハンパチンコタワーができたころ、マルハンの売上は1,500億円から1,600億円程度で、ダイナムの売上は884億円ぐらいだった」のである。

ここで、当時ダイナムの指揮をとっていた佐藤洋治、および同社に関して少し紹介しよう(42)。

佐藤洋治は1946年生まれで、早稲田大学卒業後、ダイエーに入社（1968年）した。だが、彼がダイエー入社2年目の1970年、佐藤の父親が急死した。それをきっかけに、彼はダイエーを退社、実家の二店のパチンコホールを引き継いだのである。

---

(40) 同上、232頁。
(41) 同上、234頁。
(42) 前掲『パチンコホール企業改革の研究』、287 〜 295頁、『財界』編集部編『国を越えて！ダイナムの挑戦』財界研究所、2012年、178 〜 179頁。

- 143 -

しかし、当時、「店は繁盛というにはほど遠く、非常に難しい経営だった」[43]という。そこで、佐藤は、「チェーンストア」といった「戦法」を確立し「駆使」していくが、この「チェーンストア」とは、「業務の進め方から運営に至るまですべてのことを標準化するというものであった。具体的には、①「ROI（投下資本経常利益率）25%」、「必要な商圏は車で半径10分、人口3万人の規模」、「店舗建設費は7億5千万円」といった事項をダイナムの出店基準条件とする、②店舗の規模は、「ダイナムの新店舗は機械480台、建物300坪以上、土地4,000坪、駐車場台数480台を基準とする」、③「ダイナムが新しくオープンする店舗はすべてアメリカの修正材を使った木造平屋建てであり、1センチ幅の寄木の修正材を柱にして、内装は全く行わない。梁がむき出しの天井で、高さは約8メートルとするとともに、トイレの位置から店内の標識に至るまですべてのレイアウトをどの店舗も全く同じにする」など、「数字ですべての仕事を判断するというダイナムのやり方」によって、佐藤は、ダイナムを継続成長させることに成功したのである[44]。（表8-4参照）

そのうえ、「うちが50億円を投資して、画期的な渋谷店を作っていたころ、ダイナムは一店舗平均7億円ぐらいで7店舗を作っ

---

(43) 前掲『国を越えて！ダイナムの挑戦』、178～179頁。

(44) 財界編集部編『史上最強のパチンコチェーン ダイナム』財界研究所、1999年、21、52頁、佐藤洋治「景気がおかしいから‥は理由にならない」『財界』57（13）、2009年6月23日、62～65頁、佐藤仁『続・パチンコの経済学』東洋経済新報社、2010年、019～020頁、渥美俊一「経験法則を学び、数字でものを考え、継続する企業文化にダイナムの強さあり」『商業界』56（1）、2003年1月、105頁、佐藤洋治「市場を大手が占領してはいけない」『財界』57（14）、2009年7月7日、128～131頁、「遊技2大パチンコ店国盗り物語りダイナムvsマルハン」『アエラ』14（7）、2001年2月12日、26～28頁、㈱パック・エックス編『東大を卒業した僕がパチンコ屋に就職した理由』KADOKAWA、2014年、109頁。

表8-4 ダイナムの売上などの推移（単位：100万円、店、台、名）

年	売上高	店舗数	一店舗当り売上	経常利益	機械台数	社員数	パート・アルバイト数	従業員合計
1988	14,464	9	1,607	1,263	2,325	207	36	243
1989	20,128	14	1,438	646	3,774	305	55	360
1990	29,505	21	1,405	664	5,410	386	154	540
1991	39,022	26	1,501	1,005	6,667	405	121	526
1992	51,456	30	1,715	1,408	8,006	437	317	754
1993	60,982	33	1,848	1,563	8,962	514	380	894
1994	74,859	36	2,079	1,721	10,051	528	452	980
1995	88,482	39	2,269	1,783	11,364	482	627	1109
1996	113,094	45	2,513	570	14,184	499	914	1413
1997	188,374	54	3,488	3,148	18,491	708	1,373	2081
1998	255,864	61	4,194	5,502	23,352	875	1,888	2763
1999	334,668	68	4,922	9,191	27,385	1,126	2,428	3554
2000	390,598	81	4,822	9,620	–	–	–	–
2001	455,404	96	4,744	11,813	–	–	–	–
2002	542,004	118	4,593	14,367	–	–	–	–
2003	638,610	152	4,201	16,182	–	–	–	–
2004	827,779	193	4,289	12,093	–	–	–	–
2005	1,074,620	233	4,612	14,224	–	–	–	–
2006	1,183,209	272	4,350	13,053	–	–	–	–
2007	1,100,900	–	–	900	–	–	–	–
2008	1,067,800	–	–	12,400	–	–	–	–
2009	970,600	–	–	32,600	–	–	–	–
2010	857,100	–	–	32,100	–	–	–	–
2011	–	–	–		–	–	–	–
2012	1,650,780	–	–		–	–	–	–
2013	1,639,610	–	–		–	–	–	–
2014	1,657,540	–	–		–	–	–	–

出典）財界編集部偏『史上最強のパチンコチェーン ダイナム』財界研究所、1999年、272-273頁；奥野倫充『マルハンはなぜ、トップ企業になったか？』ビジネス社、2006年、78頁；佐藤仁『続・パチンコの経済学』東洋経済新報社、2010年、017頁；東洋経済新報社『四季報：未上場会社版』2014年下期、東洋経済新報社、2014年4月10日、207頁；同『四季報：未上場会社版』2015年下期、東洋経済新報社、2015年4月10日、203頁。

ていた。渋谷店のパチンコ台の数は約1,000台。ダイナムは同じ50億円の予算で、480台の店を7店舗も作っていた。東北地方の田舎の安い土地を借りて、同じ予算でパチンコ台数を3倍から4倍に増やしていた」のである。「6店舗か7店舗があれば、たとえ1店舗ぐらい失敗してもリスクが少ない」ということであった。

- 145 -

その結果、「うちは一時的に業界トップに立ったけれど、わずか1年か2年で完全に抜かれてしまった」[45]。ダイナムは、「マルハンがMPT渋谷やなんぽ（ママ）といった都市型戦略に力を注ぐ中、北海道や東北で出店構成を続け、3,500億くらいになった」のである[46]。

　そこで、同社は「渋谷店は、家賃が高く、経営効率は悪いと反省」し[47]、作戦を変更する。「先行者」である「ダイナム研究」に取り組んだのである[48]。

　「ダイナムさんのローコストの店舗づくり」を「勉強」し、ダイナムを追い越そうと[49]、韓裕はもちろんのこと、会長韓昌祐までもが、「チェーンストア協会に入会して、ダイナムがパチンコ店

---

(45) 前掲『十六歳漂流難民から始まった2兆円企業』、234～235頁。
(46) 前掲『マルハンはなぜ、トップ企業になったか？』、97、107頁。
(47) 前掲『十六歳漂流難民から始まった2兆円企業』、237頁。
① 「いまの好調が続いても、10年ではとても無理でしょう。経費を全部引いても15年ぐらいはみないと。15年でも50億円ですから、年間3億の利益を上げないとできないわけですね。それで、もし途中で何かあると…。パチンコ（店）ぐらい売り上げに対する利益率の少ない商売はないんですよ。みんなすごくおくボロイ（商売）と思うでしょうが」。
② 「我々の業界は売り上げのだいたい2.3～2.5%です。いまは金利が最低でしょう。そういう時でこれなんです。現在、我々は3.5%ぐらいの金利で借りていますが、もしこの金利が将来3%上がったら、売り上げに対する利益率は2%を割る可能性があるのです」（前掲「現代パチンコ王『マルハン』の渋谷戦略」、81頁）。
③ 「ローコスト運営を基本とした出店政策を進める一方で、近年は「マルハンパチンコタワー渋谷店」に代表されるような、店舗の大型化・華美化による差別化策にも着手している。しかしこれらの店舗は知名度の向上や集客面では貢献しているものの、コスト低減の効果は決して高くはなく、結果として投資の回収期間の長期化や財政構成の悪化につながっている。1999年9月期末の有利子負債は414億円にのぼる一方、自己資本は131億円（自己資本比率は19.9%）にとどまっている」（日本格付け投資情報センター『日経公社債情報』1235号、日本格付け投資情報センター、2000年5月15日、23頁）。
(48) 前掲『十六歳漂流難民から始まった2兆円企業』、235頁、前掲「心にムチ打って働いてきた」、19頁、佐藤仁『パチンコの経済学』東洋経済新報社、2007年、111頁。
(49) 前掲『十六歳漂流難民から始まった2兆円企業』、247頁。

舗に導入したチェーンストア理論を勉強し始めた。そこで、投資のあり方、ローコストの大切さ、標準化の重要性など、ダイナムが伸びた要因を掴み取っていった」[50]。さらに、マルハンは、「ダイナムに続け！追い越せ！」とばかりに、東北地方、北海道でローコストの店舗作りを実行していった。「少し前までうち（マルハン－引用者）の店舗作りの坪単価は 100 万円だった」が、その後38 万円にまで引き下げたのである[51]。

5　組織改編

しかし、マルハンは、「経費削減、ローコスト運営等の『守り』の部分および、収益をどう伸ばしていくかという営業上の『攻め』の部分について、チェーンストア流の一定のルール導入」といった「チェーンストア理論の完全導入」が完了すると、今度は「脱チェーンストア理論」を実践していった。なぜなら、「本部主義のマニュアルを軸としたチェーンストア理論では、作業と生産性の効率化はあっても、サービス業でもっとも大切なお客さまが何

---

(50) 同上、239 頁、前掲『東大を卒業した僕がパチンコ屋に就職した理由』、123
　～ 124 頁。「マルハンが学ぶ利点をたくさん発見した。経営効率、計画性、システム、
　標準化、マニュアルなど。このような面でいずれにおいてもダイナムは優れていた。
　チェーンストア理論に基づいて、出店の標準化が明確にできていた。店舗から車
　で走る何キロ以内に、人口がどれだけあるのか？パチンコ台の一時間あたりの稼
　働率はどのくらいになるのか？出店の標準化、ローコスト店舗の作り方、従業員
　の数、そして人員の配置などもよく研究されていた。…［中略］…ダイナムのよ
　うにマニュアルがあれば、開発部は動きやすい。ダイナムの出店が加速したのは、
　そこに理由があった。経営効率のいい標準化が、確立されていた」（同書、238 ～
　239 頁）。
(51) 前掲『十六歳漂流難民から始まった 2 兆円企業』、240 頁、山藤章一郎「カネ
　儲けは技術、使うのは芸術」『週刊ポスト』43（46）、2011 年 11 月 18 日、126 頁。

を望んでいるかを察知する気付き、さらには現場の柔軟な発想力による新しい価値の創造が生まれにくい」と痛感し始めたからであった[52]。

したがって、同社は、「草薙アピア店で、サービスの質の向上に徹底的に注力し、…［中略］…ホールの環境から清掃、スタッフの身だしなみ、接客態度にいたる」まで新たな試みを行った。さらには、「草薙アピア店を成功モデルとして、全店レベルでのサービスの改革を「猛烈に」推進していった。

これにならんで、同社は、「店の『自由な風土』を尊重し、“現場力”を最大限に活かす」「戦法」を導入し、「本社の機能と店舗の選択という新たな形を形成しつつ」あった。例えば、「チラシは、業者を全体で数社に統一して紙と印刷のコストを抑えているが、打ち出しの内容やデザイン、投入時期は各店舗の判断に任」すようにしたのである。また、「今やマルハンにも、一連の業務や取り組み姿勢を掲載した『オペレーションガイド』や機械操作のマニュアル、清掃などの効率的な作業マニュアルは整備されているものの、一番の教育のポイントは、CSをスタッフ自身で一人一人で^{（ママ）}考えて行動できるようにするところに置」くようにしたのである[53]。

そうした中、「本部は店舗を主導するのではなく、あくまでも主体である店舗の後方支援に徹」するかたちで、「店舗をサポートす

---

(52) 「脱チェーンストア理論の実践で、独自の「非効率運営力」を発揮」『販売革新』48（7）、2010年7月、59〜61頁。

(53) 同上、61頁、「本部とアドバイザーが徹底して取り組む業界一の顧客満足づくり」『販売革新』48（7）、2010年7月、74頁、「スタッフに権限を与えることで、やる気と創意工夫を引き出す」『販売革新』48（7）、2010年7月、25頁、「『開発特別部隊』設置で首都圏への出店強化」『遊技通信』1328号、2007年2月、44〜45頁、「『営業のマルハン』を支える強力アシスト軍団の全容」『販売革新』48（7）、2010年7月、101頁参照。

る本部の間接部門も拡充」されていった。

　まず、「接客の基本マナーなどの従業員教育に関しては人材開発部、マルハンイズムの浸透に関してはOJT推進課が推進」するようになり、また、「新機種や一般景品など物品購入に関しては、店の購入台数、購入点数を集約し、本部が取引先と交渉する」ようになった。すなわち、「景品部は一括購入による大量仕入れでコストダウンを図るのではなく、各店の発注数量を集約して、あるいは各店が個別に発注した仕入れ代金を集約して仕入れ先と交渉にあたる」ようになったのである。「遊技機に関しても同様であった。営業的に『攻め』の購入なので、新機種の選定と導入台数は各店舗に裁量権があるが、店舗のニーズを遊技機部が取りまとめてメーカーと交渉」、「遊技機情報の収集、分析、各店舗への助言、指導にあたっては専門の営業戦略部が行」うようになったのである。さらに、「だが数百店舗規模となれば、もはや個人の力量では追いつかないため、組織的な仕組みが必要」であることから、組織の再整備ならびに拡張に取り掛かり、**表 8-5** のような組織を設け、さらに強化していく。

　以上を総括すると、マルハンは、「ダイナムの優れた点をすべて吸収してマルハン独自の経営を確立していった」と言える [54]。そして、その対抗策は功を奏し、2002 年にマルハンはダイナムを抜き「業界トップに返り咲い」たのである。

---

(54) 前掲『十六歳漂流難民から始まった 2 兆円企業』、246 頁。

表8-5 マルハンの構造改革

①建設課
建設課は、新店建設と既存店の改装にかかわる業務を行っている。新店は毎年、15～20店、改装は30～40店のペースとなっており、それらの設計からグランドオープンまでを担当する。それぞれの物件の担当者を決め、平面図の作成、デザイン・設計施工会社との打ち合わせや交渉、工事費の見積もりの手配、発注、施工の監理まで。その他、出店準備部の営業設備工事の打ち合わせや調整、近隣住民などとの交渉、調整を行う。
　マルハンの店舗は大きく三タイプがある。一つ目が平屋建てで駐車場が広い店舗。二つ目が、敷地が狭く、立体駐車場を建てる店舗。三つ目が、さらに敷地が狭く、店舗と駐車場が一体の3～5階建ての店舗。店舗の仕様はほとんど標準化されており、敷地やインフラの状況を加味しながら、設計計画を立てている。
・店休を最小限にするため、店休に先行して、営業後の夜に部分的にできる工事から始めたりする。店の要望と費用、そして工期をどう折り合いをつけるかである。
・建設に当って、設計期間をできるだけ短縮し、かつ必要な機能を満たす店舗を作るために、2008年に店舗の標準仕様書を作成した。

②営繕課では、260店の既存店の修繕と保守の業務を担う。
　保守点検の範囲は、建物躯体、電気、消防、空調、浄化槽などで、それらの定期点検と、行政への点検資料の提出をする。店舗設備が壊れて修繕となった場合は、修理方法の選定や、取引先の選定、見積もりなどが業務となる。
　保守点検は外注しており、これまでいくつかの取引先に依頼してきたが、監理の簡素化のために4月から北と西の二社に集約した。

③遊技機部（遊技課・中古機販売課）

遊技課の主な業務は、全国260店舗すべての遊技機の調達とそれに伴う契約・支払いなどの経理業務全般、および年間購入台数25万台にも及ぶ遊技機の固体管理である。その中でも最も重要としているのが、遊技機の調達であるが、その調達において特に重要とされるファクターは、大きく分けて「トップ導入」「台数の確保」「購入価格」の三点である。
　一つ目の「トップ導入」とは、遊技機を最短納期で店舗に導入するための交渉であり、結果次第では競合しているほかの店舗に遅れをとってしまい、店舗の集客に大きく影響を及ぼす可能性がある。
　二つ目の「台数の確保」とは、優秀台を適正台数導入することであり、店舗にとっては非常に重要である。業界一のTQS（トータルクオリティサービス）を目指すマルハンにとっては、最高のサービスを提供する絶対条件とも言える。
　三つ目の「購入価格」とは、遊技機をなるべく安価で仕入れることであり、その分顧客へ還元し、「薄利多売」の営業をすることにより、大方針である。「稼動強化」につなげるものである。

中古機販売課の主な業務は、中古機の効率的・効果的な運用である。新台入替により店舗から撤去された中古機の用途は、大きく分けて「流用」と「販売」の二通りあり、店舗の稼動強化とコスト削減に大きく貢献する。
　一つ目の「流用」とは、いわゆるチェーン店間での再利用であり、店舗における機械代コストを削減し、集客を伸ばすための手段である。この方法はチェーン店ならではのメリットを生かした考え方であるが、店舗において最大のイベントである新台入替を、高額な新台ではなく中古機でまかなうもの。その取り扱い台数は月間約4000台にものぼるが、遊技機のリサイクルの観点から地球にやさしい施策といえる。
　二つ目の「販売」とは、他法人に向けた中古機の売却であるが、取引先販社約200社に対してネットオークションで販売（このシステムは約2年前に導入）しており、業界内での再設置を目的としている。
　ちなみに、この販売方法以外では、リサイクルを目的に月間数千台単位で入札する方法もあり、10社ほどのリサイクル販社に向けて入札方式で販売。毎年右肩上がりに売り上げを上げている。

出典）『販売革新』48(7)、2010年7月。

- 150 -

おわりに

では、最後に、韓裕の歩みをまとめてみよう。

韓裕は、入社後、まもなくして自ら「企画室」を設けると、店舗の現場を回り、マルハンの改革すべき問題点の洗い出しを始める。そして、まずは「従業員の教育制度が課題」[55] であることに気付いた彼は、直ちに「人材育成」に着手、例えば、モデル店を通じた人材養成、「新しい人材の募集」に尽力する。

これとともに、彼は、渋谷のマルハンパチンコタワーの具現化を通じて、「当時のパチンコ店にはまだ珍しい多層階の空中店舗、カラフルな店内といった設定、女性専用コーナー・カップル専用ペア・シートの導入、大当り情報の開示など、それまでのパチンコ店のイメージを覆す『パチンコ新時代』」を開いた。

しかし、そのような中、韓裕は、当時、「チェーンストア」を展開していたライバル社のダイナムに追われる立場となる。これに対して、彼およびマルハンは、「チェーンストア」といった「ダイナムの優れた点をすべて吸収し」、さらに、いわゆる「チェーンストア」とは逆の「脱チェーンストア」をも部門によっては導入することによって、再びトップの座を奪還することができたのである。

その結果として、パチンコ産業は「極めて日本的レジャー」へと成長し、図8-3 のように日本経済へ寄与するようになるのである。

最後に一言付け加えるが、本章では、パチンコ産業を「サービス業」と表現した。しかしながら、実際は、同産業はいまだ博打

---

(55) 同上、217 〜 218 頁。

図8-3 パチンコ業界と他の業界とのかかわり（1996年現在）

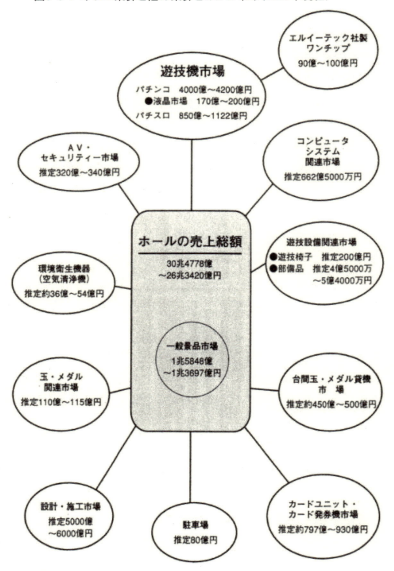

出典）遊技産業同友会作成の資料等。

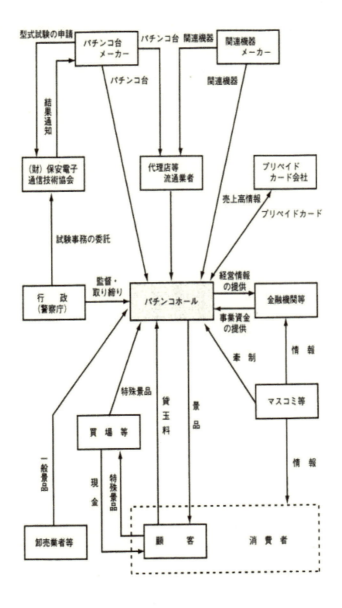

の域を決して脱しておらず[56]、真のサービス業として完全に成長しているとは到底言い難い。それは、いうまでもなく、「パチンコの合法性」問題をはじめ、「パチンコ依存症」、「児童の車内放置」、「脱税」、「不正改造・遠隔操作」、「周囲に与える悪影響」等々の同産業における問題が山積しているからに他ならない。しかも、同社もまた、「釘曲げ」[57]、「（仮）マルハン習志野店出店問題」[58]といった問題を相次いで起こしている。同産業ひいては同社のイメージをより改善するためにも解決しなければならないこれらの問題に対し、韓裕がいかなる対応や活躍を見せていくのか、引き続き注視されていくだろう。

（56）https://ja.wikipedia.org/wiki/%E3%83%91%E3%83%81%E3%83%B3%E3%82%B3 （2018 年 3 月 16 日アクセス）。

（57）http://pachinkolist.com/archives/51686825.html （2018 年 1 月 1 日アクセス）。検定時の釘調整でなかったこと。

（58）https://bootsman.exblog.jp/19681183/ （2018 年 1 月 1 日アクセス）。

終章

　各章の検証により明らかになった点をまとめてみると、次の如くとなる。

第1章　なぜ朝鮮人は日本に渡ってきたのか？

（a）. 植民地朝鮮から日本への朝鮮人の大移動は、「近代化論」の捉え方とは異なり、「市場原理」によるものではなかった。むしろ、「『見えざる手』（＝市場の価格メカニズム）など存在しない」ことを示唆する、【農業経済の破綻→都市部における高失業率→在日朝鮮人人口の膨張】といったプロセスによる結果であった。

（b）.「近代化論」は、植民地期において、朝鮮人の生活水準は向上していったと力説しているが、しかし、本章の検証によれば、それとはほぼ正反対の結論が導き出された。農村は疲弊し、そして失業問題は全国において深刻な水準に達していたのである。

第2章　どうしてコリアンが日本で女工として働くように なったのか？

(a).「安い労働力」の朝鮮人女工を使うことで、岸和田紡績は、例えば、1924年には、年間1万8,308円の人件費を節約できていた。また、安定した労働力確保という点においても、朝鮮人女工の採用は、大きな利点があった。そうした点から、当時、朝鮮人女工の雇用は、経済的な側面から最も有効なシステムであったのである。つまり、同制度は、いわゆる「市場」が創出した最も合理的な制度であったのである。
(b).しかし、その制度がいくら経済的な効果が高い、市場の産物だとしても、それが倫理的かつ道徳的に許されてはいけないものであれば、それは放置してはならないということである。なぜなら、世の中は、ただ経済的な効果だけで論じてはならないからである。

第3章　なぜ在日コリアンが全国に存在するのか？

(a).日韓併合後、朝鮮経済の破綻によってコリアンは生活に窮していたため、多くのコリアンが渡日するようになった。当初は、彼らは「九州」に集中していたが、その後、彼らの集中地は「京阪神地区」となっていった。そうした「九州」→「京阪神地区」という彼らの動きの最大の要因は、定量分析の結果によれば、いわゆる京阪神地区の「二重構造」と「個

人紹介」であったと思える。しかし、戦後になると、彼らは「東進傾向」および「分散化傾向」に加え、全国に広がっていく動きを見せることとなる。だが、定量分析の結果および「在日」焼き肉店設立の動きを考察するならば、これは、戦後における産業人口の過剰現象などによって、「商業」を職にせざるを得なかった「在日」が、同業の「同胞」との競争を回避しようと、「集中地帯」から「非集中地帯」へと移って行く中で出現した現象であった。

第4章 「在日企業」の日本経済への貢献：㈱草家を事例に

(a). 本章における「在日企業」草家への検討によって、在日企業は、韓国経済のみならず、日本経済にも貢献していることが確認できた。繰り返しになるが、その「貢献」と呼べるものは、以下のとおりである。

❶ 設備面における「日本製」設備。

❷ 材料面における「沖縄産秋ウコン」。

❸「取引先」の「価格体系」面における「利益」。

❹「卸価」面における「釜山から東京港までの運賃」の半分（50%）。

❺「利益金処分」面における、①「税金」、②「雑費」、③「日本人社員の給料」、④「利子支払い」、⑤「預金」。

草家を通じて、日本経済において在日企業が上記のような貢献をしていることが確認できた。いうまでもなく、他の在日

企業の場合も、草家と同様に、日本経済に対し利益をもたらしていると予想される。草家と同じく、在日企業は日本企業との取引のなかで、結果的に日本経済に貢献していると思われるのである。言い換えれば、冒頭であげたような「在特会」などの偏見とは異なり、在日企業は日本経済に対し肯定的な役割を果たしているのである。

第5章　「在日企業」は「悪」ではない：安楽亭を事例に

（a）．在日企業の安楽亭は、日本企業と同様に日本経済に貢献してきたのであった。同社が日本企業と唯一異なる点は、同社の創業者が朝鮮半島出身であるという点のみであった。つまり、同社は日本企業と同じく日本の金融機関から融資などを受け、それらの金融機関に利子の形で見返りを提供し、また、多くの日本人を社員またはアルバイト、パートの形態で採用し、雇用面において、日本経済に貢献してきたのである。さらに、同社は、BSE事件発生の中で、赤字経営が続く中でも日本の和牛を守るという姿勢を崩さなかったのである。

（b）．同社への検証を通じて、不利な環境下における在日コリアンの活躍が読み取れた。たとえば、柳社長は、社会での成功のチャンスが大きく閉ざされたため、やむを得ず、食堂業を営んで生計を維持していく中でも、また、その後差別により事業資金の確保がなかなかうまくいかない中でも、決して諦めることなく着実に成長してきたのである。

第6章　在日コリアンの家計簿

(a).本章においては、まず、在日コリアンの現況を確認すると共に、在日コリアンK氏の家計簿ならびにライフ・ヒストリーを通じて、年金、就職、帰化、住居などの在日コリアンの現況を窺うことができた。それにより、端的にいえば、「年金もない、就職もない」といった在日コリアンの状況が未だに続いていることがわかった。

(b).在日コリアンの「特権」に関する主張が俗にいう真っ赤なウソであることがわかった。たとえば、在日コリアンは、「年に600万円が支給される」、「働かなくても生活できる」、「各種税金や相続税を払わなくてよい」、「医療や光熱費、家賃が無料」、「住宅費が5万円まで補助される」といった在特会の主張が在日コリアンの現況には全くあてはまらなかったのである。K氏の家計簿からも、在特会の主張を裏付ける事実は全く見られなかったのである。

第7章　なぜコリアンは大久保に集まってくるのか？

(a).韓国料理店などの新大久保への集中化（＝地域集中化）の「源泉」およびコリアンタウンの未来像を把握する一助を得た。具体的には、マーシャルが述べたように、容易に「人材」と「情報」を得られるということは、同業の集中化にお

いても、確かに源泉といえるものであった。他方で、同氏の理論とは異なり、「情報の波及」は見当たらず、さらに、同氏によって源泉として挙げられることのなかった「売上・収益」に関する利点、すなわち、売上・利益の高さが、同業においては、最も重要な集中化の源泉として作用していることがわかった。さらに、そうしたメリットを有する新大久保は、これからもさらに拡大する可能性が高い。言い換えれば、他地域と比べ、以上のような利点を持つ新大久保には、これからもより多くの韓国料理店が集まってくるとみられる。端的に言えば、日本最大のコリアンタウンはさらなる成長を成し遂げることが期待される。

(b). 韓国食堂業といった在日企業の日本経済との関連性を捉えることができた。韓国食堂業は、「韓国の国益のためだけに動いている」わけではなく、日本経済にも資することがわかった。上記では詳細は触れなかったが、A店舗を確認したところ、韓国料理店は、営業を通じて得られた利益をもって、「日本の大家さん」に賃料を支払っており、また、主要食材の調達先を日本国内の畜舎または農家にし、さらに、その運送においても日本の運送業者を利用しているのである。つまり、在日企業もまた、日本企業と同様に日本の経済に貢献しているのである。

第8章　在日企業家像：パチンコを変えた男 韓裕

(a). 韓裕は、入社後、まもなくして自ら「企画室」を設けると、

店舗の現場を回り、マルハンの改革すべき問題点の洗い出し
を始める。そして、まずは「従業員の教育制度が課題」であ
ることに気付いた彼は、直ちに「人材育成」に着手、例えば、
モデル店を通じた人材養成、「新しい人材の募集」に尽力する。
これとともに、彼は、渋谷のマルハンパチンコタワーの具現
化を通じて、「当時のパチンコ店にはまだ珍しい多層階の空
中店舗、カラフルな店内といった設定、女性専用コーナー・
カップル専用ペア・シートの導入、大当り情報の開示など、
それまでのパチンコ店のイメージを覆す『パチンコ新時代』」
を開いた。しかし、そのような中、韓裕は、当時、「チェー
ンストア」を展開していたライバル社のダイナムに追われる
立場となる。これに対して、彼およびマルハンは、「チェー
ンストア」といった「ダイナムの優れた点をすべて吸収し」、
さらに、いわゆる「チェーンストア」とは逆の「脱チェーン
ストア」をも部門によっては導入することによって、再びトッ
プの座を奪還することができたのである。その結果として、
パチンコ産業は「極めて日本的レジャー」へと成長し、日本
経済へ寄与するようになるのである。

終章

- 161 -

参考文献
（ひらがな順）

【序章】

- 伊丹敬之ほか『日本の企業システム第二期』第 1 巻、有斐閣、2006 年。
- エドワード・W. ワグナー『日本における朝鮮少数民族』竜渓書舎、1975 年。
- 鍛冶博之『パチンコホール企業改革の研究』文眞堂、2015 年。
- 北原道子『北方部隊の朝鮮人兵士：日本軍に動員された植民地の若者たち』現代企画室、2014 年。
- スティーヴ・D・レヴィットほか著、望月衛訳『やばい経済学』東洋経済新報社、2006 年。
- 永野慎一郎編『韓国の経済発展と在日韓国企業人の役割』岩波書店、2010 年。
- 韓載香『「在日企業」の産業経済史』名古屋大学出版会、2010 年。
- 樋口雄一『戦時下朝鮮の農民生活誌―1939 ～ 1945』社会評論社、1998 年。
- 樋口雄一『戦時下朝鮮の民衆と徴兵』総和社、2001 年。
- 樋口雄一『日本の朝鮮・韓国人』同成社、2002 年。
- 樋口雄一『日本の植民地支配と朝鮮農民』同成社、2010 年。
- 樋口雄一『金天海―在日朝鮮人社会運動家の生涯』社会評論社、2014 年。
- 朴慶植『朝鮮人強制連行の記録』未来社、1965 年。
- 朴慶植『日本帝国主義の朝鮮支配』（上・下）、青木書店、1973 年。
- 朴慶植『朝鮮三・一独立運動』平凡社、1976 年。
- 朴慶植『在日朝鮮人運動史―8・15 解放前』三一書房、1979 年。
- 朴慶植『在日朝鮮人・強制連行・民族問題―古稀を記念して』三一書房、1992 年。
- 山田昭次『金子文子　自己・天皇制国家・朝鮮人』影書房、1996 年。
- 山田昭次『関東大震災時の朝鮮人虐殺　その国家責任と民衆責任』創史社、2003 年。
- 山田昭次『植民地支配・戦争・戦後の責任　朝鮮・中国への視点の模索』創史社、2005 年。
- 山田昭次『関東大震災時の朝鮮人虐殺とその後　虐殺の国家責任と民衆責任』創史社、2011 年。
- 山田昭次『全国戦没者追悼式批判　軍事大国化への布石と遺族の苦悩』影書房、2014 年。

【第 1 章】

- 愛知大学東アジア研究会編『シュムペーターと東アジア経済のダイナミズム：

理論と実証』創土社、2002年。
- 大森義明『労働経済学』日本評論社、2008年。
- 姜金順「植民地の『恨』を『アリラン』に託し、語り継ぐ」小熊英二ほか『在日1世の記憶』集英社、2008年。
- 姜在彦「在日韓国人の形成史」東国大学校日本学研究所『日本学』1984年。
- 姜萬吉『日帝時代の貧民生活史研究』(ハングル)、創作と批評社、1986年。
- 金君子「強制立退の不安のなか、ウトロで生きる」小熊英二ほか『在日1世の記憶』集英社、2008年。
- 金洛年「植民地期工業化の展開」李大根『新しい韓国経済発展史』(ハングル)、ななん出版、2005年。
- 金洛年編『植民地期朝鮮の国民経済計算1910—1945』東京大学出版会、2008年。
- 金柄夏「日帝下の農業經營および小作制度」啓明大学校韓国学研究院『韓国学論集』19号(ハングル)、1992年12月。
- J・A・シュンペーター著、東畑精一ほか訳『経済分析の歴史』上・中・下、岩波書店、2005年。
- J・E・スティグリッツ著、内藤純一ほか訳『新しい金融論:信用と情報の経済学』東京大学出版会、2003年。
- ソスンヨル「植民地朝鮮における地主・小作関係の構造と展開」『農業史研究』第4巻第2号(ハングル)、韓国農業史学会、2005年12月。
- 外村大『朝鮮人強制連行』岩波書店、2012年。
- 張錠寿『在日60年・自立と対抗』社会評論社、1989年。
- 中国朝鮮族青年学会編、館野あきらほか訳『中国朝鮮族生活誌』社会評論社、1998年。
- 鄭チンソクほか「日帝時代における韓国と日本の実質賃金格差および人口移動に関する試論」『西江経済論集』(ハングル)、2002年。
- トーマス・K・マクロウ著、八木紀一郎監訳『シュンペーター伝』一灯舎、2010年。
- 樋口雄一『日本の植民地支配と朝鮮農民』同成社、2010年。
- 樋口雄一「在日朝鮮人社会の成立と展開」和田春樹ほか編『岩波講座 東アジア近現代通史第5巻 新秩序の模索』岩波書店、2011年。
- ブルース・カミングス著、横田安司ほか訳『現代朝鮮の歴史』明石書店、2003年。
- 許粋烈「日帝下朝鮮の失業率と失業者数推計」『経営史学』第16号(ハングル)、1993年。
- 藪下史郎『スティグリッツの経済学:「見えざる手」など存在しない』東洋経済新報社、2013年。
- 『朝鮮日報』(ハングル)、2004年3月23日。
- 『東亜日報』(ハングル)、1924年5月22日、1926年4月12日。
- http://enjoyjap.egloos.com/viewer/1665028. (インターネット資料)。

【第2章】

- 阿部武司『繊維産業』日本経営史研究所、2013年。
- 岸和田紡績㈱『岸和田紡績株式会社五十年史』岸和田紡績㈱、1942年。
- 金賛汀ほか『風の慟哭』田畑書店、1977年。
- 金賛汀『朝鮮人女工のうた』岩波新書、1982年。
- 佐倉啄二『復刻 製糸女工虐待史』信濃毎日新聞社、1981年。
- 藤野正三郎ほか『繊維工業』東洋経済新報社、1979年。
- 古川達郎『鉄道連絡船100年の航跡』成山堂書店、1988年。
- 河明生『韓人日本移民社会経済史：戦前編』明石書店、1997年。
- 松下松次「近代紡績業と朝鮮人」『近代史研究』19号、大阪歴史学会近代史部会、1977年10月。
- Robert William Fogel, Stanley L. Engerman, *Time on the Cross: the Economics of American Negro Slavery*, Wildwood House, 1974.
- 『大阪朝日新聞』1920年1月25日〜1920年1月29日。
- 『大阪毎日新聞』1921年4月27日。
- 『大正日日新聞』1920年5月19日。

【第3章】

- 青木俊明ほか「人口移動研究の展開と今後の展望」『土木計画学研究』No.14、1997年9月。
- 小熊英二ほか『在日一世の記憶』集英社、2008年。
- 岸本実『人口移動論』二宮書店、1978年。
- 金賛汀『在日コリアン百年史』三五館、1997年。
- 倉田和四生「人口移動論」『社会学部紀要』第65号、1992年3月。
- 河明生『韓人日本移民社会経済史：戦前編』明石書店、1997年。
- 原尻英樹『在日朝鮮人の生活世界』弘文社、1988年。
- 朴在一『在日朝鮮人に関する総合調査研究』新紀元社、1957年。
- 朴憲行『在日韓国人一世』新幹社、1995年。
- Golledge, R. G. and Stimson, R. J., *Analytical Behavioural Geography*, Croom Helm, 1987.
- Lee, S. H., *Why People Intend to Move: Individual and Community-level Factors of Out-migration in the Philippines*, Westview, 1985.
- Shaw, R. P., *Migration Theory and Fact*, Regional Science Research Institute, 1975.

【第4章】

- 草家の内部資料。

- 根元敏則編『自動車部品調達システムの中国・ASEAN 展開』㈱中央経済社、2010 年。
- 『ソウル聯合ニュース』2013 年 2 月 11 日、2013 年 4 月 24 日。
- 『中日新聞』2013 年 3 月 30 日。
- 『民団新聞』2013 年 3 月 27 日。
- 『韓国農漁民新聞』（ハングル）、2010 年 2 月 25 日、2013 年 4 月 18 日。
- http://danmee.chosun.com/site/data/html_dir/2011/12/29/2011122902232.html.
- http://www.choga.co.jp/ （㈱草家のホームページ）
- http://japanese.visitkorea.or.kr/jpn/FO/FO_JA_3_1_6_3.jsp.
- 李昌浩代表からの聞き取り。

【第 5 章】

- 五十嵐明彦『焼肉屋は食べ放題なのになぜ儲かるのか？』インデックス・コミュニケーションズ、2009 年。
- 小倉優子・五十嵐明彦『焼肉屋は食べ放題なのになぜ儲かるのか』インデックス・コミュニケーションズ、2009 年。
- 韓載香『在日企業の産業経済史：その社会的基盤とダイナミズム』名古屋大学出版会、2010 年。
- 中小企業総合研究機関編『月刊中小企業』51（9）、ダイヤモンド社、1999 年 9 月。
- 東洋経済新報社『四季報』2014 年 1 集、東洋経済新報社、2014 年。
- 朴正義『大久保コリアンタウンの人たち』国書刊行会、2014 年。
- 安田浩一『ネットと愛国　在特会の「闇」を追いかけて』講談社、2012 年。
- 山田正昭ほか『歴史の中の「在日」』藤原書店、2005 年。
- 『りそなーれ』2（2）、2004 年 2 月。
- 『ベンチャークラブ』（84）、東洋経済新報社、2000 年 10 月。
- 『韓国経済』（ハングル）、2000 年 9 月 6 日。
- 『月刊食堂』20（7）、柴田書店、1980 年 7 月。
- 『月刊食堂』30（7）、柴田書店、1990 年 7 月。
- 『月刊食堂』36（3）、柴田書店、1996 年 3 月。
- 『月刊食堂』37（12）、柴田書店、1997 年 12 月。
- 『月刊食堂』40（1）、柴田書店、2000 年 1 月。
- 『今月の焦点』14（11）、2000 年 11 月。
- 『食糧ジャーナル』23（10）、1998 年 11 月。
- 『Franja』189 号、2015 年 11 月。『東亜日報』（ハングル）、2000 年 8 月 20 日。
- 『民団新聞』2004 年 9 月 8 日。
- https://careerconnection.jp/review/8233/kutikomi/
- https://info.finance.yahoo.co.jp/search/?query=%E5%AE%89%E6%A5%BD%

E4%BA%AD.

- http://ja.wikipedia.org/w/index.php?title= 同族経営 &oldid=51113880.
- http://matome.naver.jp/odai/2133896164731497801?&page=3.
- http://www.salixms.co.jp/

【第 6 章】

- 「民団」の内部資料。
- 大沼保昭・徐龍達編『在日韓国・朝鮮人と人権』有斐閣、1986 年。
- 魁生由美子「大阪市生野区における福祉ネットワークの形成」『立命館産業社会論集』第 41 巻第 1 号、2005 年 6 月。
- 糟谷憲一編『朝鮮史研究入門』名古屋大学出版会、2011 年。
- 関東弁護士連合会編『外国人の人権』明石書店、2012 年。
- 厚生労働省年金局「厚生年金保険・国民年金事業の概況：平成 25 年度」2014 年 12 月。
- 在日朝鮮人の人権を守る会編『在日朝鮮人の基本的人権』二月社、1977 年。
- 徐京植『在日朝鮮人ってどんなひと？』平凡社、2012 年。
- 田中宏『在日外国人　第 3 版—法の壁、心の壁』岩波新書、2013 年。
- 崔一権「焼肉に賭けた半生」小熊英二ほか『在日一世の記憶』集英社、2008 年。
- 仲尾宏『Q&A　在日韓国・朝鮮人問題の基礎知識』明石書店、1997 年。
- 野間易通『「在日特権」の虚構』河出書房新社、2013 年。
- 朴一『＜在日＞という生き方』講談社、1999 年。
- 原尻英樹『在日朝鮮人の生活世界』弘文社、1988 年。
- 樋口雄一『日本の朝鮮・韓国人』同成社、2002 年。
- 文化センター・アリラン『アリラン通信』No.54、2015 年 5 月。
- 閔寛植『在日韓国人の現状と未来』白帝社、1994 年。
- 安田浩一『ネットと愛国』講談社、2012 年。
- 山田正昭ほか『歴史の中の「在日」』藤原書店、2005 年。
- 吉岡増雄編『在日朝鮮人の生活と人権：社会保障と民族差別』社会評論社、1980 年。
- 李信恵『鶴橋安寧』影書房、2015 年。
- http://blogos.com/article/40233/
- http://www.stat.go.jp/data/jyutaku/2008/nihon/9_1.htm.
- http://www.taminzoku.com/info/908.
- K 氏からの聞き取り。

【第 7 章】

- アルフレッド・マーシャル著、馬場啓之助訳『経済学原理 II』東洋経済新報社、

1966 年。

- A 食堂「帳簿」。
- B 食堂「帳簿」。
- 宣元錫「地域社会における多文化共生まちづくりへの挑戦：新宿区大久保地域の事例」一橋大学機関リポジトリ、2005 年。
- 八田靖史『新大久保コリアンタウンガイド』晩声社、2009 年。
- P. クルーグマン著、北村行伸ほか訳『脱「国境」の経済学』東洋経済新報社、1994 年。
- 安田浩一『ネットと愛国：在特会の「闇」を追いかけて』講談社、2012 年。
- 山谷哲夫『裏歌舞伎町まりあ横丁』現代書館、2013 年。
- 山田正昭ほか『歴史の中の「在日」』藤原書店、2005 年。
- T 氏からの聞き取り。

【第 8 章】

- 渥美俊一「経験法則を学び、数字でものを考え、継続する企業文化にダイナムの強さあり」『商業界』56 (1)、2003 年 1 月。
- 伊丹敬之ほか『日本の企業システム第二期』第 1 巻、有斐閣、2006 年。
- 奥野倫充『マルハンはなぜ、トップ企業になったか？』ビジネス社、2006 年。
- 鍛冶博之『パチンコホール企業改革の研究』文眞堂、2015 年。
- 熊沢修「『真の CS 経営』実現」『先見経済』47 (11)、2002 年 11 月。
- 熊沢修『紳士熟女にパチンコを』㈱ロコモーションパブリッシング、2005 年。
- 財界編集部編『史上最強のパチンコチェーン　ダイナム』財界研究所、1999 年。
- 『財界』編集部編『国を越えて！ダイナムの挑戦』財界研究所、2012 年。
- 佐藤仁『パチンコの経済学』東洋経済新報社、2007 年。
- 佐藤仁『続・パチンコの経済学』東洋経済新報社、2010 年。
- 佐藤洋治「景気がおかしいから・・は理由にならない」『財界』57 (13)、2009 年 6 月 23 日。
- 佐藤洋治「市場を大手が占領してはいけない」『財界』57 (14)、2009 年 7 月 7 日。
- 須藤みやび「転換期を迎えたパチンコホール」『SERI ピックス』960 号、静岡経済研究所、2007 年 9 月 15 日。
- 竹内宏「パチンコ vs インベイダー」『世界』404 号、1979 年 7 月。
- 日本格付け投資情報センター『日経公社債情報』1235 号、日本格付け投資情報センター、2000 年 5 月 15 日。
- パチンコ産業取材班「現代パチンコ王『マルハン』の渋谷戦略」『エコノミスト』74 (17)、1996 年 4 月。
- ㈱パック・エックス編『東大を卒業した僕がパチンコ屋に就職した理由』KADOKAWA、2014 年。
- 韓昌祐・坂中英徳「日本国籍を取得し、政治参画の道を選べ」『中央公論』122 (6)、

2007 年 6 月。

- 韓昌祐『十六歳漂流難民から始まった 2 兆円企業』出版文化社、2008 年。
- 韓昌祐「心にムチ打って働いてきた」『販売革新』48（7）、2010 年 7 月。
- 韓載香『「在日企業」の産業経済史—その社会的基盤とダイナミズム』名古屋大学出版会、2010 年。
- 韓裕「父が始めたパチンコ店を二兆円企業へ」『在日二世の記憶』集英社、2016 年。
- 山藤章一郎「カネ儲けは技術、使うのは芸術」『週刊ポスト』43（46）、2011 年 11 月 18 日。
- 「『営業のマルハン』を支える強力アシスト軍団の全容」『販売革新』48（7）、2010 年 7 月。
- 「『開発特別部隊』設置で首都圏への出店強化」『遊技通信』1328 号、2007 年 2 月。
- 「すべてが"イズム"の体現につながるマルハン流『人財』づくりの徹底度」『販売革新』48（7）、2010 年 7 月。
- 「スタッフに権限を与えることで、やる気と創意工夫を引き出す」『販売革新』48（7）、2010 年 7 月。
- 「創業約半世紀で業界トップの売上高 1 兆円企業を達成」『財界にっぽん』37（5）、2005 年 5 月。
- 「脱チェーンストア理論の実践で、独自の「非効率運営力」を発揮」『販売革新』48（7）、2010 年 7 月。
- 「本部とアドバイザーが徹底して取り組む業界一の顧客満足づくり」『販売革新』48（7）、2010 年 7 月。
- 「遊技 2 大パチンコ店国盗り物語りダイナム vs マルハン」『アエラ』14（7）、2001 年 2 月 12 日。
- http://pachinkolist.com/archives/51686825.html.
- https://bootsman.exblog.jp/19681183/
- https://ja.wikipedia.org/wiki/%E3%83%91%E3%83%81%E3%83%B3%E3%82%B3.

あとがき

　本書は、次のような文献を参考にしつつ、在日コリアンに関するさまざまな実態、ならびに疑問と経済学を結び付けようと試みたものである。

① Steven D. Levitt, Stephen J. Dubner, *Freakonomics: A Rogue Economist Explores the Hidden Side of Everything*, Penguin, 2006（第1〜8章）.
② 樋口雄一『日本の朝鮮・韓国人』同成社、2002年（第1〜8章）。
③ John Lie, *Zainichi Koreans in Japan: Diasporic Nationalism and Postcolonial Identity（Global, Area, and International Archive）*, University of California Press, 2008（第1〜8章）.
④ Stiglitz, Joseph Greenwald, Bruce, *Towards a new paradigm in monetary economics*, Cambridge University Press, 2003（第1章）.
⑤ Robert William Fogel, Stanley Engerman, *Time on the Cross: The Economics of American Negro Slavery*, W W Norton & Co Inc, 1995（第2章）.
⑥ Paul Krugman, *Geography and trade*, The MIT Press, 1993（第3章および第7章）.
⑦ Paul Krugman, Masahisa Fujita, Anthony Venables, *The Spatial Economy-Cities, Regions and International Trade*, MIT Press, 1999（第3章および第7章）.
⑧ Alfred DuPont Chandler, Jr, *The Visible Hand: the Managerial Revolution in American Business*, Belknap Press, 1977（第4章、第5章、第8章）.
⑨ 磯田道史『武士の家計簿「加賀藩御算用者」の幕末維新』新潮新書、2003年（第6章）。

　本書の完成は、多くの方々のご協力があったからこそ可能であった。
　まず、在日朝鮮人運動史研究会関東部会の樋口雄一先生に心より感謝の念を捧げたい。

樋口先生は、私を同部会に快く受け入れていただき、いつも温かく「日本人・自分の歴史としての朝鮮人の歴史」をはじめ、たくさんのことを教えていただき、さらに、私の研究を進めるに当たり貴重なご助言をいただいた。感謝の言葉しかないｍ（＿＿）ｍ

また、在日朝鮮人運動史研究会関東部会・関西部会の方々、山田昭次先生（中央大学名誉教授）、木村健二先生（下関市立大学名誉教授）、小林知子先生（福岡教育大学教授）、宮本正明先生、北原道子先生、金浩先生、小林久公先生、龍田光司先生、三田登美子先生、水野直樹先生（京都大学名誉教授）、飛田雄一先生、姜晶薫氏（東京大学大学院総合文化研究科博士課程）および、「韓日民族問題学会」の方々、金廣烈先生（光云大学校教授）、崔永鎬先生（霊山大学校教授）、金旻榮先生（群山大学校教授）、朴美娥先生（西江大学校人文科学研究所研究員）に感謝の意を表す。

さらに、これまで大変お世話になってきた方々、鈴木健夫先生（早稲田大学名誉教授）、南部宣行先生（早稲田大学名誉教授）、Paul Snowden 先生（早稲田大学名誉教授）、西郷浩先生（早稲田大学教授）、小牧輝夫先生（元国士舘大学教授）、中藤弘彦先生（神戸学院大学講師）、William SHANG 先生（多摩大学学部長）、藤田賀久先生（多摩大学講師）、松谷基和先生（東北大学教授）、法授スニム（법수스님）、全民済先生、羅英均女史、宇田昌弘氏、李昌浩氏（㈱草家代表）、金朋央氏（特定非営利活動法人コリア NGO センター東京事務局長）、横山俊一郎氏（関西大学東西学術研究所研究員）、植田喜兵成智氏（学習院大学助教）、白映旻氏（早稲田大学アジア太平洋研究科博士課程）、蔣允杰氏（一橋大学大学院言語社会研究科博士後期課程）、野口幸生氏（CV Starr East Asian Library, Columbia University）、申喜淑氏（CV Starr East Asian Library, Columbia University）、押金章悟氏（多摩大学湘南キャンパス教務課）、鄭文琪氏（多摩大学湘南キャンパス教務課）にも感謝申し上げたい。

最後に、本書の出版と編集を快諾してくださった柘植書房新社の上浦英俊編集長、木下耕一路氏、故松下孝一氏にも感謝する。

2018 年 3 月
李光宰

■著　者

李　光宰（イ グァンジェ）

早稲田大学大学院経済学研究科博士課程単位取得（経済学博士）
多摩大学グローバルスタディーズ学部講師

【著　書】
『韓国電力業の起源』
『韓国石油産業と全民濟　朝鮮・韓国・北朝鮮石油産業の経路』ほか

なぜコリアンは大久保に集まってくるのか──在日コリアンの経済学
　　　　　　　　　　　　　　　2018年7月15日　初版第1刷発行　定価2000円＋税

著　者　　　李　光宰
発行所　　　柘植書房新社
　　　　　　　113-0033 東京都文京区白山 1-2-10 秋田ハウス 120
　　　　　　　TEL03-3818-9270 FAX03-3818-9274
　　　　　　　http://www.tsugeshobo.com　郵便振替 00160-4-113372
印刷・製本　　株式会社紙藤原

乱丁・落丁はお取り替えいたします。　　　　　　　　　　　ISBN978-4-8068-0714-8 C0030

JPCA
日本出版著作権協会
http://www.jpca.jp.net/
本書は日本出版著作権協会（JPCA）が委託管理する著作物です。
複写（コピー）・複製、その他著作物の利用については、事前に
日本出版著作権協会（電話03-3812-9424,　info@jpca.jp.net ）
の許諾を得てください。

韓国石油産業と全民濟

朝鮮・韓国・北朝鮮石油産業の経路

李 光宰

(1910年➡2000年代)
【植民地朝鮮➡韓国+北朝鮮】における石油産業の全容

柘植書房新社　定価4500円+税

韓国石油産業と全民濟 - 朝鮮・韓国・北朝鮮石油産業の経路
李光宰著／定価4500円+税
ISBN978-4-8068-0689-9

韓国電力業の起源

「日本人たち」の電力業から「韓国人たち」の電力業へ

李 光宰◆著

つげ書房新社

韓国電力業の起源 -「日本人たちの」電力業から「韓国人たち」の電力業へ
李光宰著／定価 4000 円 + 税
ISBN978-4-8068-0650-9